江戸の怪異と魔界を探る

監修 飯倉義之

KANZEN

江戸の怪異と魔界を探る

はじめに

今でも夏になるたびに、怪談は一定の盛り上がりを見せる。それは江戸時代の人々も同じだった。怖いもの、恐ろしいものに対する興味は大きく、歌舞伎、落語、本、浮世絵などの娯楽に取り入れられていった。また、複数人が集まって一〇〇の怪談を話す「百物語」という催しも行われており、江戸の人々は「怖い話」に夢中だった。

本書では、怨霊、妖怪、幽霊、七不思議など、江戸の人々が恐れおののいた怖い話を紹介していく。その怪異の現場を辿り、歴史を散策できるように、どこで起こった事象なのかを記すように心掛けた。ぜひ本書を片手に江戸の人々が遭遇した怪異に思いを馳せながら実際に歩いてみてほしい。江戸の怪異を知ることで、当時の文化の一端を垣間見ることができるのではないだろうか。

なお、本書で使用している地図は、すべて現在の地形をもとにしたものであることをご了承いただきたい。

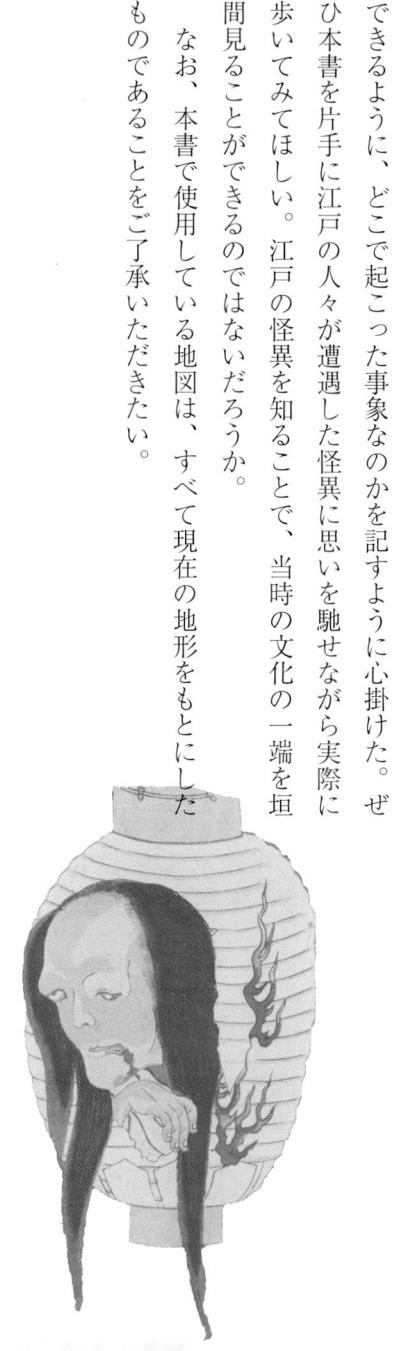

怖い浮世絵～幽霊・怨霊

1813年（文化10）に市村座で上演された歌舞伎『尾上松緑洗濯話（おのえしょうろくせんたくばなし）』の一場面。娘に取り憑いた累を、祐天上人が取り払おうとしている（一五八ページ参照）。髪の毛が抜け落ち痩せた姿で立つのが累である。（『累淵扨其後（かさねがふちさてもそののち）』歌川豊国、早稲田大学演劇博物館蔵）

現代と同様、江戸時代にも怖いものや恐ろしいものに対し、庶民は大いに興味をもっていた。四世鶴屋南北による歌舞伎『東海道四谷怪談』が評判になるなど、怪談ものの歌舞伎や小説が人気を博した。その流れは、浮世絵にも波及し、多くの〝怖い〟絵が描かれた。

「怖いもの見たさ」という言葉があるように、「恐ろしい」とか「怖い」という感情は、今も昔も人間がもつ普遍的なものである。ここでは、江戸の人々が恐れおののいた浮世絵を紹介していく。（文責・編集部）

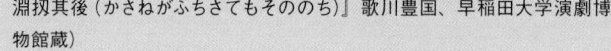

累の亡魂
藤原敏行朝臣
秋来

（右ページ）夫に殺害された累の怨霊を描いたもの。体をくの字に曲げ、左手で自分の髪の毛をつかみながら恨めしそうな顔に描かれている。題名となっている「藤原敏行朝臣（ふじわらのとしゆきあそん）」とは、平安時代の貴族で、彼が詠んだ「秋来ぬと　目にはさやかに　見へねとも　風の音にそ　おとろかれぬる」という歌が左上に書かれている。「秋が来たと、はっきりと目には見えないが、風の音で気づいた」という意味で、累の怨霊が秋の夜に風とともにあらわれることを暗示している。（『見立三十六歌撰』のうち「藤原敏行朝臣」国立国会図書館蔵）

『東海道四谷怪談』に登場するお岩（一四六ページ参照）の怨霊が提灯に乗り移った様子を描いている。提灯には「南無阿みた仏　俗名いわ女」と書かれている。（『百もの語　四ツ谷』早稲田大学演劇博物館蔵）

歌舞伎や小説の題材に多く取り上げられた小幡小平次は、女房の不倫相手に殺害されるが、怨霊となって女房とその男に復讐を果たす。これは血まみれになって現世に舞いもどってきた小平次の姿を描いたもので、青ざめた表情のなかに憎しみの眼差しを秘めている。(『小幡小平次』国立国会図書館蔵)

右ページの絵と同様に小幡小平次を描いている。小平次が亡霊となって女房と不倫相手が暮らす家にやってきて、二人が寝入っているところを蚊帳越しに覗き込んでいる様子だという。この絵は葛飾北斎の絵を歌川芳幾が模写したもの。(『百ものがたり　小幡小平次』早稲田大学演劇博物館蔵)

1855年（安政2）に中村座で上演された歌舞伎『松高手毬諷実録（なにたかしてまりうたじつろく）』の浮世絵。真利野矢四郎という男が、死んだ兄の女房・経題尼（けいだいに）と密通したが、兄の妾だった菊野と鎌田又八という男に秘密を知られたため二人を殺害してしまう。菊野と又八は怨霊となって現世にあらわれ、矢四郎と経題尼の二人を苦しめる。血まみれで髪を乱して恨めしそうな二人の怨霊が恐ろしい表情をしている。四代目市川小団次が矢四郎のほか七役を演じた舞台だったともいわれている。（『鎌田又八亡霊』早稲田大学演劇博物館蔵）

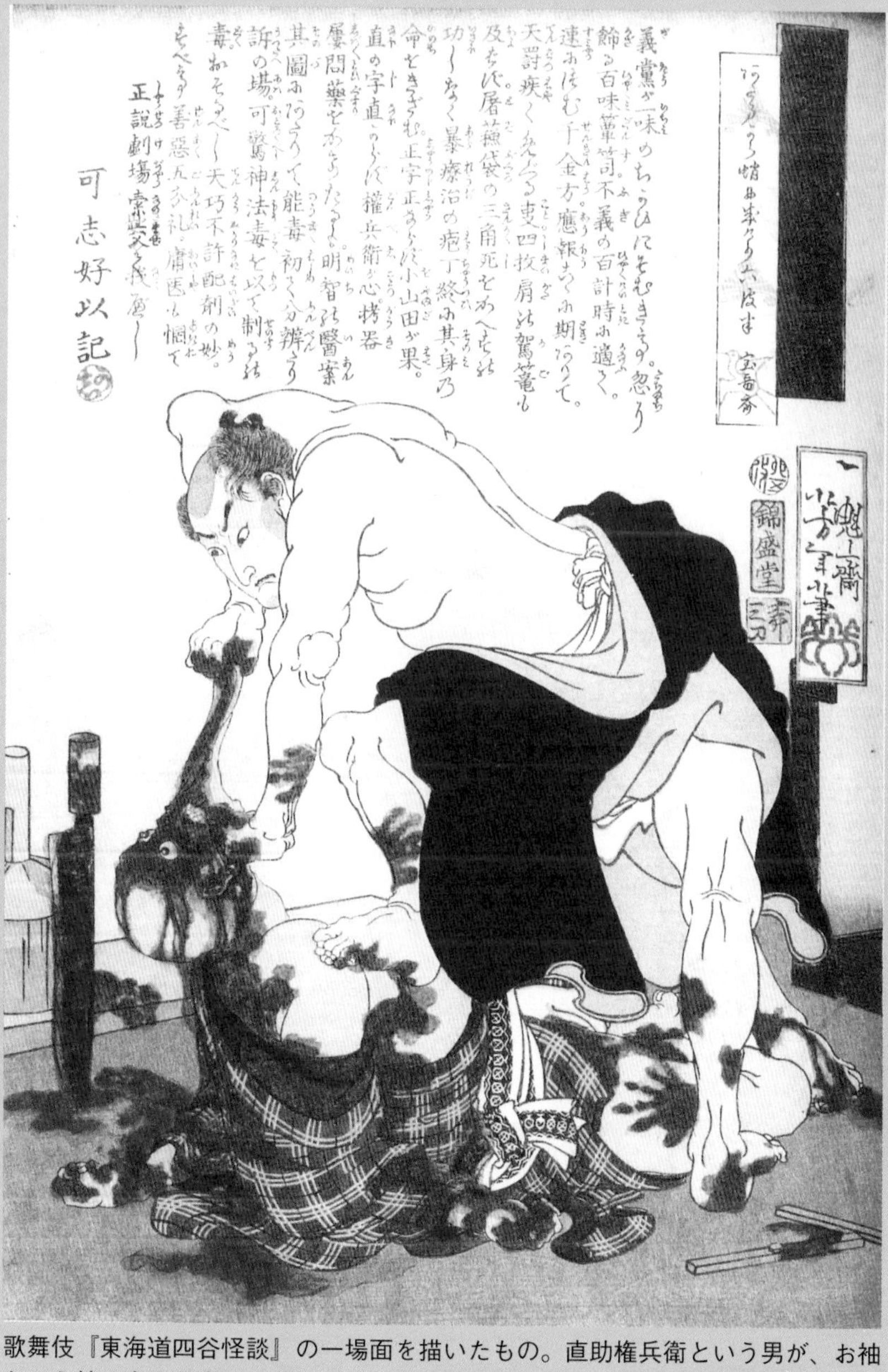

歌舞伎『東海道四谷怪談』の一場面を描いたもの。直助権兵衛という男が、お袖という娘の夫を殺害しようと企むが、間違えて奥田庄三郎という男を殺してしまう。直助は庄三郎を殺害したあと、証拠が残らないように死体の顔の皮を剝ぎ取る。直助は実在の人物で、奉公先の主人一家を殺害した罪で処刑された。

怖い浮世絵～妖怪・変化

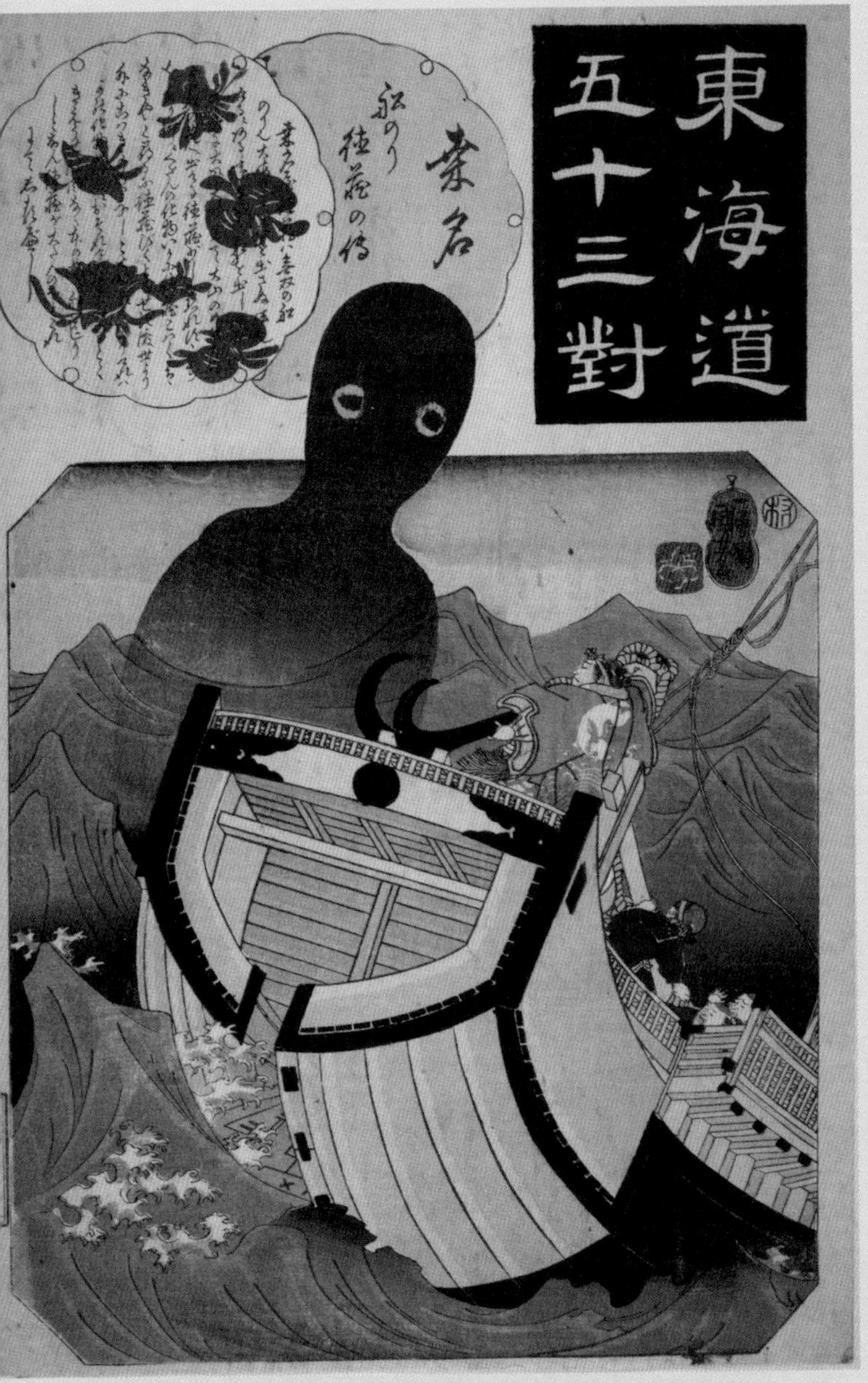

大きな風とともに海中からあらわれた海坊主の絵。これは桑名（現在の三重県桑名市）の話を描いたものだが、江戸深川にも海坊主の話は言い伝えられている。（『東海道五十三対　桑名』）

源頼光による酒呑童子退治の物語は、江戸時代にも出版されて、広く一般の人々に知られるようになった。浮世絵の題材としてもよく使用された。頼光は四天王と呼ばれる屈強な武士をしたがえて丹波国の大江山に棲む酒呑童子討伐に向かい、頼光一行は酒呑童子に酒を飲ませて眠らせた。酒呑童子が眠りに落ちたところを頼光たちが襲い掛かり、酒呑童子の首を斬り落とした。しかし、酒呑童子は絶命せず、頼光の兜に食らいついて、なおも激しく抵抗した。この絵は、そのときの様子を描いたものだ。酒呑童子は、配下の鬼も逃げ出すほど怒り狂っており、その恐ろしさが絵全体から伝わってくる。
なお、四天王のひとりである渡辺綱は、現在の東京都港区三田に生まれたとする伝承があり、かつては三田綱町という地名が残されていた。現在でも綱坂、綱の手引坂という坂が存在している。ただし、『武江紀聞』という江戸時代の地誌には、綱の旧跡は三田ではなく足立郡箕田 (現在の埼玉県鴻巣市箕田) であると記されている。

源頼光
一英斎芳艶画
馬喰四
木屋板
一英斎芳艶画
馬喰四
木屋板

1835年（天保6）、市村座で上演された『梅初春五十三駅（うめのはるごじゅうさんつぎ）』という歌舞伎の一場面。源頼朝などが宝剣を探しに京都を出発して東海道を下っていくという話で、上の絵は「岡崎宿」の場面。岡崎宿近くの大鷲院という寺には、現在も化け猫の話が言い伝えられており、江戸時代にも岡崎の化け猫の話は広く知られていた。そのため、この歌舞伎でも、岡崎で化け猫を登場させている。

三人の男がある廃屋で百物語を行っていたところ、本当の化け物が出てきてしまった様子を描いている。（『百物語化物屋敷の図』）

天から川に落下した雷神を、河童が川に引き込もうとしている。（『江戸名所道戯尽・二両国の夕立』国立国会図書館庫）

『番町皿屋敷』に登場するお菊（一五三ページ参照）の幽霊を描いた作品。皿を割っただけで手打ちになって井戸に突き落とされたお菊は、夜な夜な皿を数える幽霊になった。この絵では、お菊の深い恨みが自らの体を皿にかえてしまった体裁で描かれている。

葛飾北斎の絵を歌川芳幾が模写したもの。はんにゃが、噛みちぎった赤ん坊の生首を手に、その血を口の周りにつけ、不気味に笑っている。赤ん坊の半開きになった口が生々しい。（『百ものがたり　笑はんにや』早稲田大学演劇博物館蔵）

江戸の怪異と魔界を探る——もくじ

第四章 恨みを残した「女幽霊」の正体
――幽霊と妖怪は何が違うのか？

第五章 江戸の「魔界」を探訪する
――今も残る魔界の痕跡を辿る

第一章

江戸を魔物から守る「鬼門封じ」
——鬼の出入り口をふさぐ四神と寺社

鬼の通り道となる「鬼門」と「裏鬼門」

四神に守られた江戸城

徳川家康が江戸に入る前、江戸の大部分は未開の地だったという。家康がこのような地に拠点を構えたのは、家康のブレーンだった僧・天海《てんかい》の献策があったためだった。

天海は、徳川家康から徳川家光までの三代にわたって将軍の知遇を受け、最高のブレーンとして存在感を発揮した天台宗の僧侶である。家康の知遇を得ると、天台宗の支配権を握り、幕府の宗教政策にも介入、川越喜多院《かわごえきたいん》に寺領四万八〇〇〇坪と七五〇〇石を与えられ、喜多院は天台宗の関東総本寺とされた。

鎌倉幕府があった鎌倉ではなく、北条家の本拠地である小田原でもなく、天海が江戸を選んだのは、風水学的に「方角」がよかったからとされる。

風水では、よい地勢の場所を「四神相応《しじんそうおう》の地」という。「四神」とは、方角や季節、色、属性などをもって四方を守る四体の聖獣のことで、北に玄武《げんぶ》（山）、南に朱雀《すざく》（窪地）、東に青龍《せいりゅう》（流水）、西

江戸城を守る「四神相応」の思想

玄武
（麹町台地）
寛永寺
隅田川
麹町台地
江戸城
青龍
（平川）
増上寺
江戸湾
白虎
（東海道）
朱雀
（江戸湾）
北の麹町台地を玄武（山）、東の平川を青龍（流水）、南の江戸湾を朱雀（窪地）、西の東海道を白虎（道）に見立てて、江戸城を「四神相応の地」と考えた。平川とは、現在の神田川から隅田川につながっていた川である。

※地図は現在のものを使用

に白虎《びゃっこ》（道）のある地が最高の場所とされた。中国の都・長安も、日本の都である平安京も、この思想のもとに建設されている。

天海は西は伊豆から東は房総までの地相を調べて、江戸が四神相応にかなっていると考えたのである。

すなわち、江戸城を中心に東に平川《ひらかわ》（青龍＝流水）、西に東海道（白虎＝道）、南に江戸湾（朱雀＝窪地）があった。平川とは、現在の神田川から日本橋を通って隅田川につながっていた川である。

江戸にとって山といえば富士山だが、江戸城から見て富士山は南西にある。そのため、北に位置する麹町《こうじまち》台地から富士山を望めることから、麹町台地を玄武（山）に見立てた。そうして江戸城は四神によって守られた地としたのである。なお、平川ではなく大川《おおかわ》（隅田川）や荒川、麹町台地ではなく男体山《なんたいさん》（栃木県日光市）をあてる説もある。

鬼門と裏鬼門を封じよ！

江戸城を政治の中心地に決めた天海は、次いで周辺の要所をおさえることにする。江戸城は四神に守られているが、陰陽道《おんみょうどう》では北東と南西を忌まわしき方角としている。

北東を「鬼門《きもん》」といい、南西を「裏鬼門《うらきもん》」という。鬼門から邪気が流れ込み、入ってきた邪気は裏鬼門を通り抜けていくとされた。そのため、鬼門と裏鬼門を封じて、邪気が入り込まないようにする

江戸城の鬼門と裏鬼門を封じる

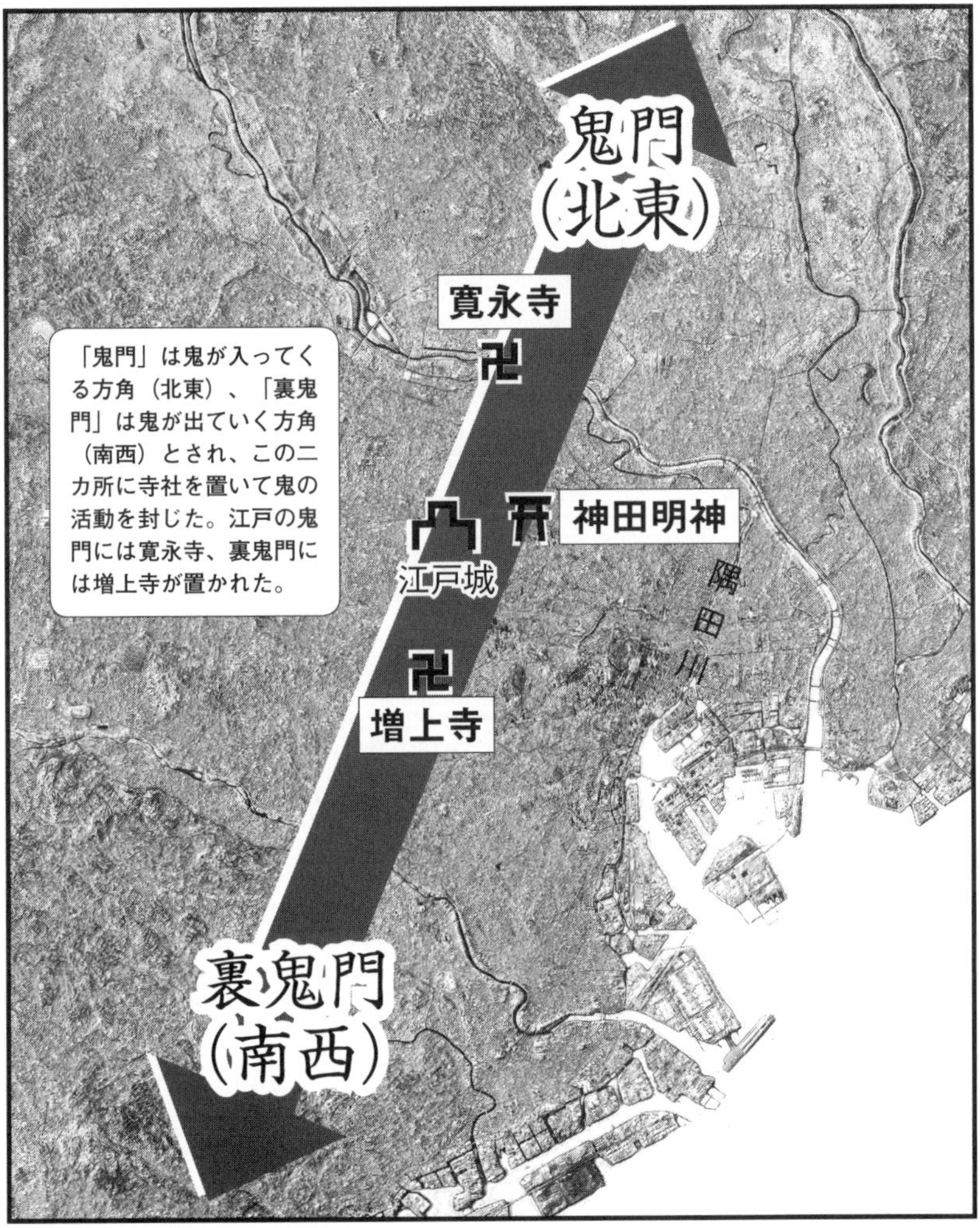
鬼門（北東）
寛永寺
「鬼門」は鬼が入ってくる方角（北東）、「裏鬼門」は鬼が出ていく方角（南西）とされ、この二カ所に寺社を置いて鬼の活動を封じた。江戸の鬼門には寛永寺、裏鬼門には増上寺が置かれた。
神田明神
江戸城
隅田川
増上寺
裏鬼門（南西）

※地図は現在のものを使用

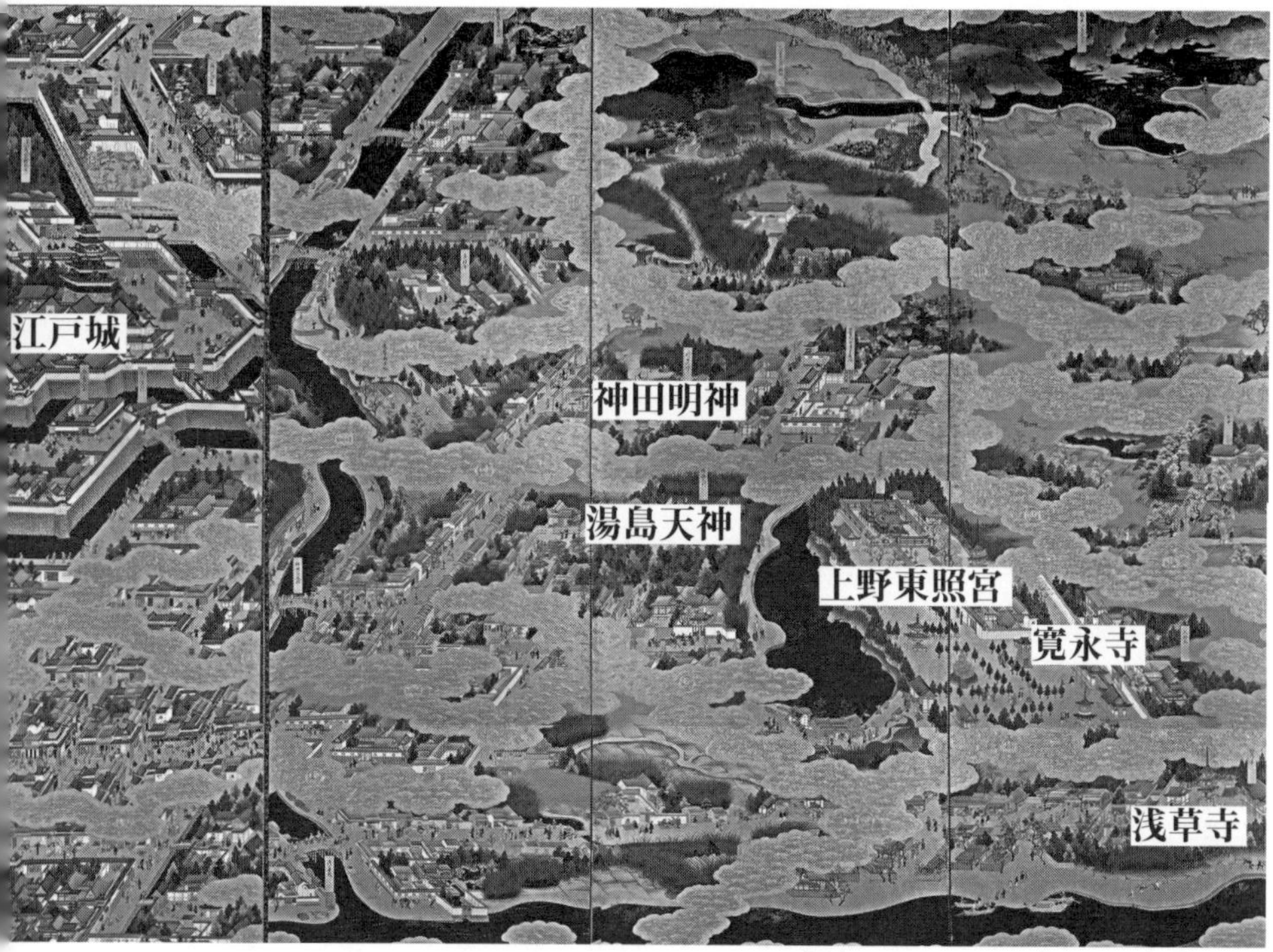
江戸城
神田明神
湯島天神
上野東照宮
寛永寺
浅草寺
江戸時代初期の江戸城下を描いた「江戸図屏風」。江戸城をはさんで寛永寺や増上寺が置かれていることがわかる。(国立歴史民俗博物館蔵)

必要があった。

京都の平安京も鬼門と裏鬼門を考えて建設されており、鬼門である北東には比叡山がそびえ、そこに延暦寺《えんりゃくじ》を建立した。南西の裏鬼門には男山《おとこやま》があり、石清水八幡宮《いわしみずはちまんぐう》が置かれた。天海は延暦寺で学んだこともあったため、鬼門封じと裏鬼門封じの重要性を知っていたと考えられる。

天海は平安京にならい、江戸城の鬼門の方角に寛永寺《かんえいじ》を建立した。寛永寺は正式名称を「東叡山円頓《とうえいざんえんどん》止観院《しかんいん》寛永寺」という。「東叡山」は東の比叡山という意味である。延暦寺の名称が元号の「延暦」にちなむことから、天海も時の元号

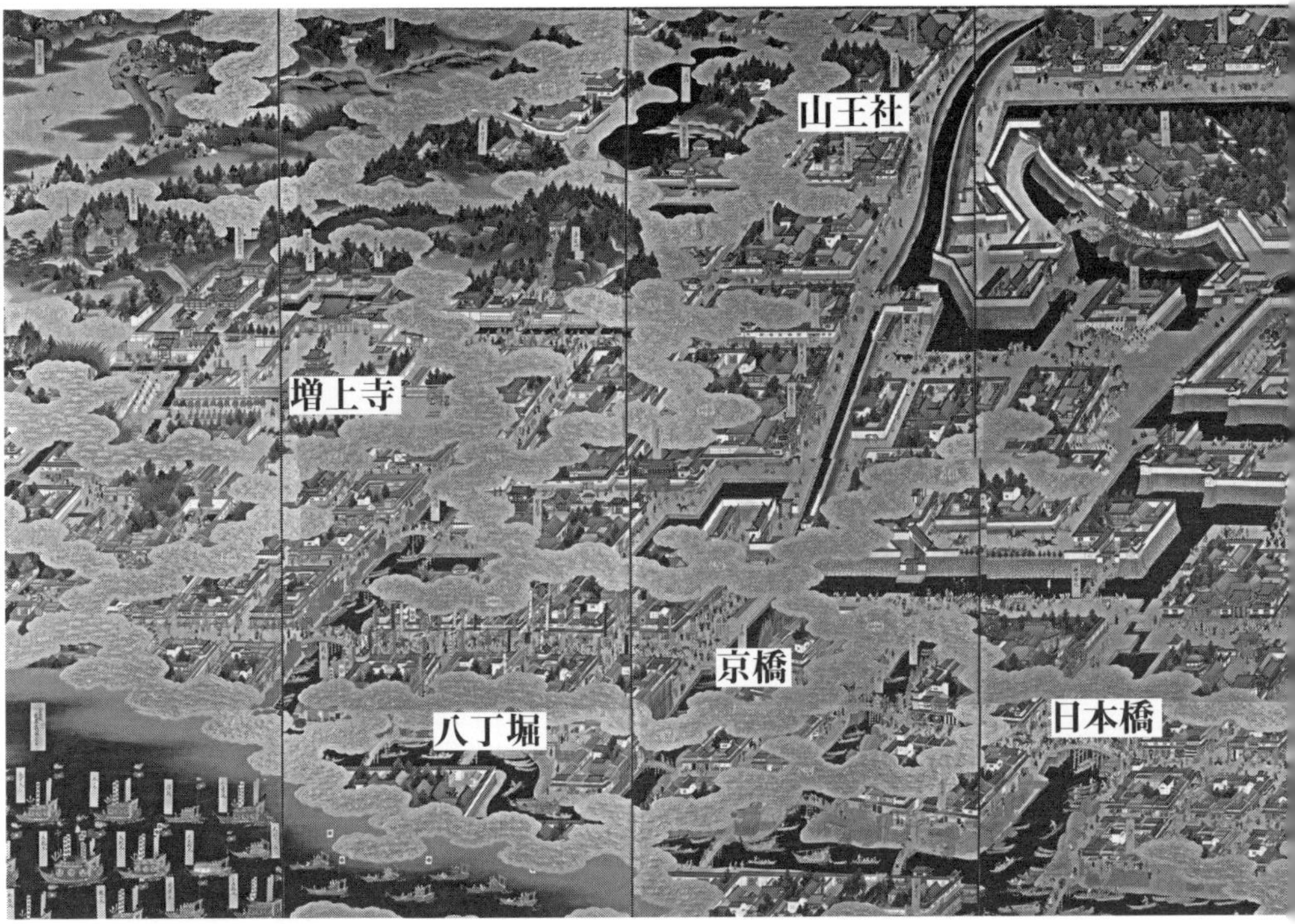

「寛永」を寺名にした。

天海は一寺だけでは鬼門封じには足りないと考えたのか、そのほかにも神田明神《かんだみょうじん》を湯島に移し、江戸最古の名刹《めいさつ》だった浅草寺《せんそうじ》を幕府の祈願寺と定め、この二寺院も鬼門封じの役割を与えられた。

そして裏鬼門の方角である南西には、増上寺《ぞうじょうじ》を芝に移して徳川家の菩提寺として、これを裏鬼門封じの寺とした。

さらに、比叡山とゆかりの深い、三宅坂上《みやけざかうえ》にあった山王社《さんのうしゃ》（日枝《ひえ》神社）を赤坂に移し、この二つの寺社を裏鬼門封じとした。

江戸城の鬼門を封じる「寛永寺」

天海が建立した「鬼門封じ」のための寺

1625年（寛永《かんえい》2）に創建された寛永寺は、徳川将軍家の菩提寺であり、歴代の一五人の将軍のうち六人が葬られている。

寛永寺創建を発願したのは天海《てんかい》である。天海は、江戸城の鬼門を封じるために、北東の方角に幕府の祈願寺をつくることを第三代将軍・徳川家光に進言。天海に深く帰依していた家光は、天海に上野台地に約三〇万坪の敷地を与えた。そして天海は、「千余年皇祚長久《せんよねんこうそちょうきゅう》」の平安京にならい、江戸城の悠久不滅を祈願して寛永寺を創建したのである。

寛永寺創建は幕府にとっても重要事項だった。前将軍で大御所として実権を握っていた徳川秀忠が西丸《にしのまる》の御座所《ござしょ》を本坊として天海に下賜し、徳川御三家は常行堂《じょうぎょうどう》、法華堂《ほっけどう》、輪蔵《りんぞう》をそれぞれ建立した。そのほか、藤堂高虎《とうどうたかとら》が東照社《とうしょうしゃ》、土井利勝《どいとしかつ》が五重塔を建てるなど、諸大名が諸堂を寄進した。

平安京を意識した寺づくり

天海は、平安京に対する比叡山を強く意識していた。比叡山にならって「東叡山《とうえいざん》」と名付けたことはすでに述べたが、諸堂も比叡山の堂塔伽藍《がらん》にならって建てられたという。また、不忍池《しのばずのいけ》を比叡山に対する琵琶湖になぞらえた。琵琶湖には竹生島《ちくぶしま》という小島が浮いているが、わざわざ上野台地を削り取って不忍池にも中之島をつくった。さらに竹生島から弁財天《べんざいてん》を勧進して中之島に祀ったのである。これが現在の弁天島（不忍池のなかにつくられた人工の島）である。

寛永寺周辺（台東区）地図

言問通り
寛永寺
鶯谷駅
寛永寺霊園
国立博物館
修善院
国立科学博物館
上野駅

天海の死後も、寛永寺は徳川家の菩提寺として崇敬されるとともに、格式も上がっていった。1647年（正保《しょうほう》4）、後水尾《ごみずのお》天皇の第三皇子・守澄法親王《しゅちょうほっしんのう》が住職として下向すると、「輪王寺宮《りんのうじのみや》」という宮号が与えられた。守澄法親王以降、幕末まで寛永寺の住職は皇族が務める習いになった。

さらに、守澄法親王が日光山輪王寺門主との兼任だ

寛永寺旧本坊の表門。現在の上野公園の大部分はかつて寛永寺の敷地だった。幕末の戊辰戦争で多くの堂舎が焼失したが、旧本坊の表門は焼失を免れた。現在は国立科学博物館の裏あたりに移築されている。

ったことから、いつしか寛永寺の住職が天台宗のトップである天台座主を兼ねるのが通例となり、寛永寺はついに延暦寺よりも格式が上になったのである。

お家断絶に追い込んだ狸の怪

1627年（寛永4）、寛永寺境内に「東照社《とうしょうしゃ》」が創建された。徳川家康を神として祀る神社で、1646年（正保3）に朝廷より正式に宮号を授けられ「東照宮《とうしょうぐう》」となる。

現在、東照宮の社殿のそばに「栄誉権現社《えいよごんげんしゃ》」という小さな祠《ほこら》がある。ここには四国八百八狸《はっぴゃくやだぬき》の総帥・栄誉権現（刑部狸《ぎょうぶだぬき》）が祀られている。

ご神体は狸の木像だが、これはもともと江戸城大奥に祀られていたという。しかし、こ

「新形三十六怪撰」より「茂林寺の文福茶釜」。古狸が僧に化けている。狸は年を取ると人を化かすといわれた。八百八狸は伊予松山に棲む八〇八匹の神通力をもった狸のこと。その総帥が刑部狸である。

の木像が大奥に奉納されてからというもの、狸が大暴れしたり、災いをもたらしたりしたため、大奥は栄誉権現を追い出した。栄誉権現はその後、大名や旗本の屋敷を転々としたといい、そのたびにそれぞれの家に怪異をもたらした。旗本のなかには、お家断絶に追い込まれてしまう家まで出たという。

また、上野の山には与兵衛狸《よへえだぬき》という古狸が棲みついていて、小僧や侍に化けて寛永寺周辺にあらわれたという。

1868年（慶応《けいおう》4）、大政奉還《たいせいほうかん》がなされ、江戸市内が混乱しているある日、山伏に化けた与兵衛狸が寛永寺周辺を歩いているのを菓子屋が見つけた。菓子屋が声をかけると、与兵衛狸は「一〇日以内に上野の山で戦争が起きるので、それを知らせるために回っている」と答えた。すると、その一〇日後、新政府軍が寛永寺に集まっていた旧幕府軍を倒すために攻撃をしかけ、上野戦争が勃発した。与兵衛狸の予言が的中したことに人々は驚いたという。

鬼の通り道をふさぐ「増上寺」

天海が建立した「鬼門封じ」のための寺

徳川家康が江戸に入府したころ、増上寺《ぞうじょうじ》は貝塚村《かいづかむら》（千代田区隼町付近）にあった。1590年（天正《てんしょう》18）に家康が江戸に入ったとき徳川家の菩提寺となった。1598年（慶長《けいちょう》3）、火事で被災し、現在地の芝に移された。

増上寺は、天海《てんかい》によって「裏鬼門《うらきもん》」を封じる寺とされたが、天海がいつ家康に仕えるようになったか定かではない。一説には、1590年（天正18）の豊臣秀吉による小田原北条攻めのときに家康軍に従軍していたともいわれ、これが本当なら火事で被災した増上寺を芝に移したのは天海の意思があったと考えていいだろう。

増上寺周辺（港区）地図

天光院
東京タワー
芝大神宮
芝公園
常行院
桜田通り
増上寺
日比谷通り
芝丸山古墳
赤羽橋駅
芝公園駅
伊勢神宮の祭神を祀った神社。江戸時代には境内に芝居小屋が常設されるなど多くの人でにぎわった。

増上寺大殿。大殿は増上寺の本堂で、太平洋戦争で焼失したものを1974年（昭和49）に再建した。大殿に登る階段は二五菩薩にあやかり二五段になっている。

一方、天海が家康に用いられたのは1609年（慶長14）とする説もあり、そうなると、江戸城の南西方向にちょうど増上寺があったため、これを裏鬼門封じのための寺にしたということになる。

火車に招かれた僧侶

裏鬼門封じの寺・増上寺にも、怪異な話は伝わっている。戦国時代も初期の話だが、音《おん》誉《よ》上人という住職がいた。あるとき音誉の前に「火車《かしゃ》」があらわれた。火車とは、仏教で悪人を地獄に連れて行くとされる車のことで、その後、罪人を地獄に迎える使者とされるようになった。地獄と縁の深い火車だが、音誉の前にあらわれたのは、地獄ではなく極楽への使者であった。音誉が迷える人々をまだ仏

火車。葬列を襲い死体を奪うといわれる地獄の使者。のちに猫の妖怪と同一視された。（『画図百鬼夜行』国立国会図書館蔵）

道に導きたいので来年の今日まで待ってほしいと願うと、火車はそのまま消えてしまった。そして音誉は、翌年のその日に死んだという。

火車は、死体を奪う妖怪としても知られるが、これは江戸時代になって、本来の地獄の使者である火車と同一視されるようになったものだ。

首が抜ける怪異

ある僧が増上寺の寮で寝ていると、人の首らしきものが胸の上に乗りかかってきた。僧が首をつかんで放り投げると、そのままどこかへ行ってしまった。

翌日、気分が悪いと寝込んでいた寺の下男が昼になって起きてくると、「暇をください」と突然いうのでわけを聞くと、「昨晩、部屋に首が行きませんでしたか」という。僧がうなずくと、下男は「私の抜け首の病です。昨日、お叱りを受けたときにそれを恨めしく思い、そのせいで首が飛んで行ったのです」と話し、里に帰したという。これは「抜け首」という不思議な体質のせいである。

寛永寺とともに鬼門を守る「神田明神」

鬼門の方角に鎮座する、平将門ゆかりの神社

神田明神《かんだみょうじん》は、もともと芝崎村《しばさき》（千代田区大手町）に鎮座していた。現在の将門塚《まさかどづか》があるすぐ近くにあった。

四神相応《しじんそうおう》の地から江戸城を幕府の中心にすることにした天海《てんかい》は、南西の方角にあった増上寺《ぞうじょうじ》を裏鬼《うらき》門《もん》封じの寺にし、鬼門封じには北東の方角にあった浅草寺《せんそうじ》を指定した。それとともに、1616年（元和《げんな》2）、芝崎村にあった神田明神を現在地（千代田区外神田）に移した。

神田明神は730年（天平《てんぴょう》2）創建とされる。その後、平将門の首塚が近くに置かれると、周辺で異変が起こるようになったが、将門を神田明神にも祀ったところ、変事はおさまったという（平将門については五〇ページ参照）。

こうした伝説があったことと、武士の先駆者であり東国の英雄と見なされていた将門を祀っていたことから、戦国時代になると太田道灌《おおたどうかん》などの戦国武将に崇敬されるようになり、徳川家康も関ヶ原の

神田明神御神殿。神殿は1782年（天明2）に江戸幕府によって造営された。その後、関東大震災で焼失し、1934年（昭和9）に再建された。明治時代初期、将門は祭神から外されたが、戦後に復帰している。

戦いの前に神田明神に戦勝を祈願したといわれる。

こうした経緯もあり、天海は神田明神を鬼門封じのために場所を移したのだろう。天海が上野に土地を与えられる前のことである。

『江戸名所図会《ずえ》』（１８３４～１８３６刊）には「唯一にして江戸総鎮守と称す」と書かれており、神田明神は江戸庶民から崇敬を集めにぎわったという。

神田明神の怪異

１８２５年（文政《ぶんせい》８）、当時の神田明神の神職を援助しようと氏子の人たちが話し合っていたところ、出席者のひとりに突然、狐が取り憑いた。その狐は、神田明神の門を守る狐であると告げ、「祠《ほこら》があれば位を得ること

『神田明神祭禮繪巻（かんだみょうじんさいれいえまき）』（江戸時代後期）に描かれた神田祭の様子。「猿蟹合戦」をモチーフにした大きな練物を氏子たちが引いている。

ができるので、祠を建ててほしい」と話した。そこで氏子たちは、神田明神の境内に稲荷の祠を建てたという。

また、江戸時代、神田明神の神殿裏に「住吉《すみよし》の手水鉢《ちょうずばち》」というものがあったが、これはもともとある人の家の庭に置いてあったものだった。しかし、その家に祟りが起こったので、家の人間が神田明神に納めたのだという。どのような祟りが起こったのか具体的にはわからないが、神田明神の霊験で祟りがおさまったと考えられたようだ。

神田明神と鬼門の関係

神田明神では現在、五月一五日に近い日曜日を中心に、「神田祭」が五日

間行われている。江戸時代には「天下祭」と呼ばれ、九月一五日を祭礼の日として神幸行列の前後に三〇数台の豪華な山車と、さまざまな趣向をこらした練物がついて江戸城内へくりこみ、将軍の上覧に供した。九月一五日とは徳川家康が関ヶ原の戦いに勝利した日である。1681年（天和1）頃から、山王社（日枝神社）の「山王祭」と神田祭が隔年ごとに江戸城内に行くことになり、神田が参上するオモテの年は丑・卯・巳・未・酉・亥年で、現在でもこの年に隔年で大祭を行っている。

鬼門封じの役割をになった神田明神の祭り「神田祭」は、鬼門を清めるために行われるようになったとする説もある。

裏鬼門に鎮座する「日枝神社」

徳川将軍家の産土神として発展

江戸城の南西、裏鬼門《うらきもん》にあたる地には増上寺《ぞうじょうじ》が置かれたが、もうひとつ、裏鬼門を封じる神社として「日枝《ひえ》神社」がある。

日枝神社は明治時代に改称したもので、江戸時代は「山王社《さんのうしゃ》」あるいは「山王権現《ごんげん》」などと呼ばれていた。文明《ぶんめい》年間（１４６９～１４８７年）に太田道灌《おおたどうかん》が入間《いるま》の無量寺《むりょうじ》（埼玉県入間郡仙波《せんば》村）の日《ひ》吉《え》山王権現を勧請し、江戸城内の梅林坂《ばいりんざか》に山王社として祀ったのがはじまりである。その後、江戸に入国した徳川家康がこの社を城内の紅葉山に祀り、三代・家光以降、将軍家は山王社を産土神《うぶすながみ》（その人が生まれた土地の守護神）とした。１６１３年（慶長《けいちょう》18）、徳川秀忠によって三宅坂上《みやけざかうえ》（現在の国立劇場付近）に移されたが明暦《めいれき》の大火で焼失、１６５９年（万治《まんじ》２）に現在地（千代田区永田町）に移された。京都御所の鬼門の方角には日吉山王《ひえさんのう》の神の使いである猿の像が祀られており、山王の神は鬼門を守る魔よけの神とされていた。そうしたことから、日枝神社も裏鬼門を封じるために三宅坂上

裏鬼門に鎮座する日枝神社は、もともと太田道灌が江戸城内に祀った「山王社」が前身。明暦の大火後、現在の地に移された。

に移転されたのではないだろうか。

日枝神社では毎年六月中旬に「山王祭」が行われる。神田明神《かんだみょうじん》の「神田祭」と同様、江戸城内に入って将軍上覧に供した。1635年（寛永《かんえい》12）に三代将軍・徳川家光が見たのがはじめであり、江戸時代初期から将軍上覧の祭として開催されていた。この山王祭も、裏鬼門を清めるために行われたといわれる。

日枝神社周辺（千代田区）地図

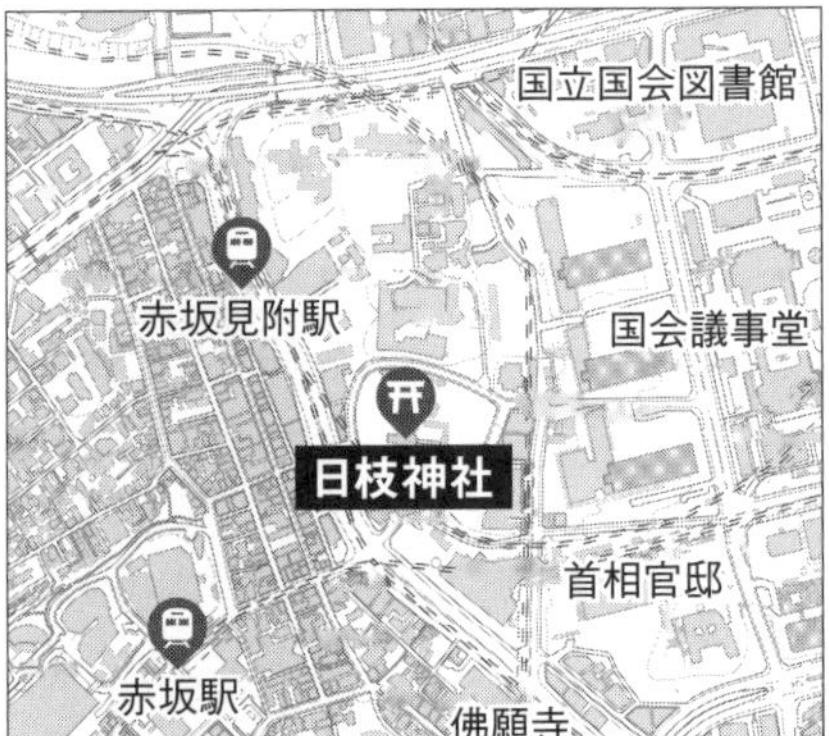
国立国会図書館
赤坂見附駅
国会議事堂
日枝神社
首相官邸
赤坂駅
佛願寺

徳川将軍家の祈願寺「浅草寺」

徳川家の祈願寺となった天台宗の古刹

浅草寺《せんそうじ》は、628年（推古《すいこ》天皇36）に観音像を同地に祀ったのがはじまりとされる。家康が江戸に入ったあとの1590年（天正《てんしょう》18）、浅草寺は徳川家の祈願寺と定められた。江戸城の北東、鬼門《きもん》の方角にある江戸最古の天台宗の名刹《めいさつ》だったからだ。そして、寛永寺《かんえいじ》とともに浅草寺も鬼門を封じる寺となった。のちに境内に東照宮《とうしょうぐう》が祀られ、住職は江戸城の紅葉山御宮別当《おみやべっとう》（神社の長官）を兼ねるという破格の扱いを受けた。

しかし、1685年（貞享《じょうきょう》2）、浅草寺別当の忠運《ちゅううん》が突然浅草寺を追放され、下総《しもうさ》国で隠居を余儀なくされるという事件が起こった。それ以後、浅草寺は寛永寺の支配下に入り、祈願寺としての地位は実質的に寛永寺に取って代わられ、その後は庶民的な盛り場として発展することになった。

忠運追放の理由は定かではないが、浅草寺の境内で犬が殺され、それが折からの「生類憐《しょうるいあわれ》みの令」に触れたからという説と、忠運が寛永寺の輪王寺宮《りんのうじのみや》（皇族の門主）に対して浅草寺と寛永寺の序列を

浅草寺の総門である雷門。向かって右に風神像、左に雷神像が安置されている。

めぐる本末訴論をしたからという説がある。

浅草寺の怪異

江戸時代中期になると、浅草寺周辺は行き倒れや自殺者の死体が集まる場所となった。死体が発見されると、三日から七日間ほど立札が出され、引き取り手がないときは浅草寺に丁重に葬られた。行き倒れの多くは旅人や旅の僧で、1770～1771年（明和《めいわ》7～8）頃には境内で死ぬ行き倒れの数が急増、また自殺者の数も目立つようになったという。

こうした浅草寺でも、怪異は起こった。浅草寺に奉納された絵馬に描かれた馬が、絵馬から飛び出したという。馬は野辺に出て草を食べるのだが、絵馬の馬に縄を書き加えたところ、それ以来、馬は外に出なくなったという。それとは別に、絵馬の馬が田畑を荒らしたので、手綱を書き加えたら馬は出なくなったという話もある。

『花吹雪隈手廻塵《はなふぶきくまでのちり》』（1863年〔文久《ぶんきゅう》3〕）という随筆には、子どもが疱瘡《ほうそう》（天然痘）にかかる前に、毎月八日に浅草寺雷神門《らいじんもん》（雷門）の雷神の股をくぐらせると、疱瘡が重篤化することはないと書かれている。

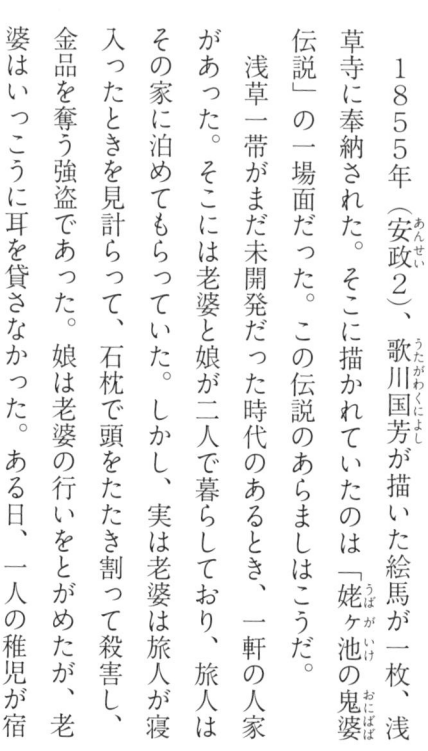

姥ケ池の鬼婆の伝説

浅草寺周辺（台東区）地図

言問通り
浅草寺
花川戸公園
浅草駅
隅田川
浅草駅
雷門通り
雷門

1855年（安政《あんせい》2）、歌川国芳《うたがわくによし》が描いた絵馬が一枚、浅草寺に奉納された。そこに描かれていたのは「姥ヶ池《うばがいけ》の鬼婆《おにばば》伝説」の一場面だった。この伝説のあらましはこうだ。

浅草一帯がまだ未開発だった時代のあるとき、一軒の人家があった。そこには老婆と娘が二人で暮らしており、旅人はその家に泊めてもらっていた。しかし、実は老婆は旅人が寝入ったときを見計らって、石枕で頭をたたき割って殺害し、金品を奪う強盗であった。娘は老婆の行いをとがめたが、老婆はいっこうに耳を貸さなかった。ある日、一人の稚児が宿を借り、老婆はこの稚児を殺害したが、その稚児は娘が変装した姿だった。娘は自分の命と引き換えに老婆の罪を訴えたのである。老婆は嘆き悲しみ、すぐ近くの姥ヶ池に身を投げて死んだという。この稚児の正体が浅草寺の観音菩薩だったとする話もある。

姥ヶ池は、1891年（明治24）に埋め立てられるまでは現存していたという。現在は跡地にある花川戸《はなかわど》公園（台東区花川戸）の一画に人工池がつくられている。また、花川戸公園にはこの伝説にちなんだ碑が建てられている。

▲姥ヶ池の鬼婆伝説を描いた浮世絵（『東都旧跡尽』）。右上に大きな石が吊るされており、これを落として旅人の命を奪うという話もある。

▼「姥ヶ池之旧跡」碑。姥ヶ池は明治時代に埋め立てられ、跡地には現在、花戸川公園がつくられている。

無縁仏を弔った官立の寺「回向院」

不可思議な振袖が引き起こした大火

回向院《えこういん》は1657年（明暦《めいれき》3）の大火（明暦の大火）で亡くなった遺体を埋葬した地に、幕府が建立した寺である。

明暦の大火については、怪異な現象が伝えられている。

大火の火元は本郷丸山《ほんごうまるやま》の本妙寺《ほんみょうじ》で、ある娘がこの寺の小姓にひと目ぼれした。しかし、思いは叶えられず、その娘はやがて死んでしまった。両親は娘のために、小姓が着ていた振袖をつくり、その振袖を娘の棺にかけてやった。しかし、この振袖は寺の者によって転売されてしまった。すると、その振袖を買った娘が二人、立て続けに死んでしまった。そこで本妙寺の住職が、くだんの振袖を焼いて供養することにしたが、住職の焚く護摩に振袖を投げ入れた瞬間、突風が吹いて振袖が空中に舞い上がり、大火を引き起こしたという。「振袖火事」という明暦の大火の別名の由来である。

明暦の大火の様子を描いた挿画（『むさしあぶみ』1661年［万治4］刊）。罪人が逃げ出したと勘違いした役人が浅草門を閉じてしまったため、多くの住民が堀に落ちて溺れ死んだという。

死者が怨霊になるのを防ぐ寺

回向院の横には隅田川にかかる両国橋があったが、両国橋は身投げの名所として名高く、回向院は無縁仏を弔う寺ともなった。そうした死者が怨霊にならないように供養する役割が、回向院には与えられたのである。

また、回向院では「生き物は等しく供養する」という考えに基づき、動物も供養した。

１８１６年（文化《ぶんか》13）、両替町《りょうがえちょう》（現在の中央区日本橋の一画）に時田喜三郎《ときたきさぶろう》という者がいた。ある日、時田家の飼い猫が、いつも魚をくれていた出入りの魚屋が病気になったとき、家の金を盗んでその魚屋のもとにもっていった。しかし、そのことを知った時田家の人間がその猫を打ち殺してしまった。猫の殺害を聞いた魚屋は猫を憐れみ、回向院の境内に猫の供養塔を建てたという（『宮川舎漫筆《みやがわのやまんぴつ》』1862年［文久《ぶんきゅう》2］）。

また、日本橋に住む時田半治郎《はんじろう》という者が病気と貧乏で苦しんでいたところ、日ごろかわいがっていた猫がお金をもってきてくれた。それ以降時田家は繁栄したため、その猫が死んだあとに回向院に墓を建てたという話も伝わっている（『隅田川とその両岸』豊島寛彰《としまひろあき》）。

回向院には現在でも「猫塚」と呼ばれる猫の供養塔がある。

回向院。無縁仏を弔うための寺で、無縁仏となった人々が怨霊にならないようにするという役割もあった。

回向院と鼠小僧伝説

猫塚の隣には「鼠小僧次郎吉《ねずみこぞうじろきち》の墓」がある。次郎吉は、大名屋敷からお金を盗んでは、町人長屋に置いて立ち去ったといわれる伝説の義賊である。1832年（天保《てんぽう》3）に逮捕されて小塚原《こづかはら》（現在の荒川区南千住）の刑場で処刑され、回向院に葬られた。

岐阜県各務原《かがみはら》市那加《なか》門前町《もんぜんちょう》に神明《しんめい》神社という神社が鎮座している。ここには鼠小僧次郎吉の石碑が建てられている。

江戸時代のあるとき、旅の母と娘がいろは屋という宿屋に泊まったが、宿屋の主夫婦は旅人を襲う強盗殺人犯だった。娘が襲われそうになったとき、巡礼者にふんして泊まっていた鼠小僧が二人を助けた。その後、鼠小僧が江戸で処刑されたことを知ると、土地の者が鼠小僧の行いを後世に伝えるために供養塔を建て

回向院にある猫塚。猫塚建立の由来にはいくつかの話が伝わっている。

たという。

この供養塔はもともと中山道《なかせんどう》沿いにあったものを移したものといわれているが、一方で岐阜県には次のような鼠小僧の話が伝わっている。

1921年（大正10）頃、学校を建てるために鼠小僧の墓を埋めたが、その上に建てられた化学実験室が全焼してしまった。鼠小僧の祟りといううわさが広まり、墓を探し出して供養したのだという。これが神明神社にある鼠小僧の供養塔の話だろうか。

回向院周辺（墨田区）地図

第二章

江戸に蠢く〝怨霊〟に迫る

——実在した人物が江戸の人々に祟る恐怖

今もなお祟りを恐れられる関東の英雄「平将門」

東国の英雄・平将門が怨霊になったわけ

関東地方最大の怨霊として恐れられ、江戸の地霊としても畏怖されてきたのが、平安時代の武将・平将門《たいらのまさかど》である。

将門は桓武《かんむ》天皇五世の孫とされ、下総国《しもうさのくに》（現在の千葉県北部から茨城県西部あたり）を拠点にしていた豪族である。父・良将《よしまさ》の死後、一族間で領地争いが起こり、それを発端に大規模な戦に発展した。これが936年（承平《じょうへい》6）にはじまった平将門の乱である。

当初は豪族一門の私闘にすぎなかったが、将門が関東各国の国衙《こくが》（朝廷が地方管轄のためにおいた役所）を襲撃するに及び、将門は朝敵となった。将門は「新皇《しんのう》」を名乗って関東一円を支配下に治めたが、藤原秀郷《ふじわらのひでさと》や平貞盛《たいらのさだもり》らが率いる朝廷軍の前に敗れた。流れ矢を額に受けて憤死したという。

将門の首は京都に運ばれ、七条河原《しちじょうかわら》でさらし首となったが、奇怪なことに将門の首は夜ごとに目を見開き、いつまでも腐ることなく、「我が骸《むくろ》を返せ！」と叫び、京都の人々を震えあがらせたという。

そしてある夜、雷鳴がとどろいたかと思うと将門の首が宙に浮き、関東をめざして飛び去った。その首は江戸の芝崎村《しばさき》（現在の千代田区大手町あたり）に落ち、大地は鳴動し、太陽も光を失ってあたりは暗闇に包まれたという。恐れおののいた土地の人々は塚を築いて埋葬した。これが「将門塚《まさかどづか》」と呼ばれるものだ。

『源氏一統志』（1821年［文政4］）に描かれた、さらし首にされた将門の首。将門の首は何カ月経っても腐らなかったという。（国立公文書館蔵）

しかし、その後も怪異が続いた。将門が死んで数百年も経っていたが、土地の者たちは将門の祟りと恐れた。そして、1307年（徳治《とくじ》2）、真《しん》教《きょう》上人という時宗の僧侶が蓮阿弥陀仏《れんあみだぶつ》という戒名を追贈して塚前に板卒塔婆を立てて日輪寺《にちりんじ》で供養した。真教はさらに傍らの神田明神《かんだみょうじん》にその霊を合わせて祀ったので、将門

現在の将門塚（東京都千代田区大手町）。大手町のオフィス街の中心地にあり、今でも祟りを恐れられている。

の霊魂もようやく鎮まり、この地の守護神になったと伝えられている。

日輪寺は芝崎村にあった天台宗の寺で、明《めい》暦《れき》の大火後に浅草に移り、現在に至っている。日輪寺については次のような言い伝えもある。

将門の弟・将頼《まさより》が謀略によって討ち死にしたが、その霊が戦場にとどまって災いをもたらした。そこで、ある僧が草案を結んで将頼を弔い、このとき将門もともに祀ったのが日輪寺だという。

江戸時代にあった将門の祟り

将門は祟りをもたらす怨霊だが、その一方で崇拝の対象ともなった。それは、将門が関東地方の庶民の期待の星だったことがあるからだ。

現在の将門塚と日輪寺、神田明神の位置関係

日輪寺
浅草駅
上野駅
東京大学
上野公園
湯島駅
湯島天神
神田明神
蔵前駅
湯島聖堂
御茶ノ水駅
秋葉原駅
神田駅
竹橋駅
将門塚
千代田区
皇居
中央区
隅田川
文京区
将門の怨霊を供養するために、将門の死から約370年後に創建された。
平将門を祀った神社。江戸の鬼門を封じるために現在の地に移された。

将門が反乱を起こした当時は藤原一族が朝廷を牛耳り、諸国に重い税金をかけ、庶民の暮らし向きは疲弊をきたしていた。そのため、国司の専横による苦しい暮らしから逃れることができるかもしれないと、将門に対して大きな期待をかけていた。

将門の行動は、弱気を助け悪に立ち向かう庶民の味方に見えたのだろう。その思いは江戸時代にも受け継がれた。

江戸時代のあるとき、四ツ谷あたりに住んでいた旗

本の家に、将門着用の兜が伝来していた。その旗本が金に困ってその兜を預けたのだが、預けられた人が翌日にその兜を返しにきた。話を聞くと、昨晩、家が激しく振動したため、恐ろしくなって返しにきたという。

これは「家《や》鳴《な》り」という妖怪による怪異現象だが、将門の怨霊が江戸時代にも息づいていたことを示している。

『画図百鬼夜行』（鳥山石燕）に描かれた「家鳴り」。小さな鬼が数人で家を揺らしている様子が描かれている。

将門塚の祟り

１９２３年（大正12）の関東大震災後、大蔵省の仮庁舎を建てるために将門塚を取り壊そうとしたところ火事や災害が頻発し、当時の大蔵大臣・早速整爾《はやみせいじ》が急死してしまった。世間では、工事のときに首塚を縁の下に叩き込んで毎日踏みつけていたから将門公が祟ったのだとうわさになり、大蔵大臣が死んだこともあって仮庁舎の建設は中止にまでなった。

また、太平洋戦争後にＧＨＱが将門塚を駐車場にしようとして工事をはじめたところ、作業員が事故死して工事は中止された。これもまた、将門の祟りといわれた。

大手町というビジネス街にほど近い将門塚には、現在、「首を切られない＝リストラ除け」の霊験を求めて、会社員の姿も見受けられる。将門の霊験は今も健在といえるだろう。

雷を呼び、荒ぶる怨霊と化した「菅原道真」

霊夢によって建立された平河天満宮

江戸城の半蔵門から少し歩いたところに平河天満宮《ひらかわてんまんぐう》が鎮座している。この神社はもともと城内にあった。

江戸城は、室町時代末期の武将・太田道灌《おおたどうかん》が築城したが、当初は平河城とも呼ばれていた。あるとき菅原道真《すがわらみちざね》が道灌の夢枕に立ち、その翌朝に道真自筆の紙片が道灌に送られてきた。道灌は昨晩の夢を道真に関する霊夢であると確信し、江戸城内の梅林坂《ばいりんざか》に天満宮を建立したという。平河城内に建立したことから平河天満宮と名付けられた。

菅原道真は平安時代の貴族である。藤原氏が朝廷の要職を占めるなか、宇多《うだ》天皇の信任を得て非藤原氏ながら右大臣にまで出世した。しかし、藤原氏の謀略によって失脚して九州の大宰府に左遷、903年（延喜《えんぎ》3）にその地で没した。

菅原道真を祀る平河天満宮（東京都千代田区）。手前の像は「撫で牛」といい、この像を撫でると学芸が上達するという言い伝えがある。

怨霊となった菅原道真

908年（延喜8）一〇月、参議の藤原《ふじわらの》菅根《すがね》が没した。雷に打たれたことが直接の死因であった。

その半年後の909年（延喜9）四月、左大臣・藤原時平《ときひら》が三八歳で死去した。時平が病に臥せっているとき、彼の両耳に青い小さな蛇が巣くっているという奇怪なうわさが京都に流れた。この二人は、菅原道真の京都追放に深くかかわった公卿であり、二人の死は道真の怨霊のしわざであるとうわさされた。

923年（延喜23）三月、醍醐《だいご》天皇の皇太子だった保明《やすあきら》親王が弱冠一九歳で死去した。親王の母は時平の妹で、親王の妻は時平の娘であった。そのため、親王の死もまた道真の怨霊のしわざと人々はうわさした。

醍醐天皇もまた、道真の怨霊の存在を確信したのだろう、親王の死からわずか一カ月後、道真から剥奪した右大臣の資格を復し、正二位《しょうにい》を追贈した。しかし、925年（延長《えんちょう》3）、保明親王の死後に皇太子に立てた慶頼《よしより》王がわずか四歳で死去した。

慶頼王は、保明親王と時平の娘との間にできた子で、時平一族と醍醐天皇に道真の怨霊が取り憑いているといううわさが京都中に知れ渡った。そして930年（延長8）、太政官《だいじょうかん》の会議が行われているところに落雷が命中、大納言《だいなごん》・藤原清貫《きよつら》をはじめ多くの死傷者を出す大惨事となった。清貫もまた、道真追放にかかわっていた公卿のひとりだった。

この惨事を目の当たりにした醍醐天皇は病に倒れ、三カ月後に崩御した。天皇の死もまた道真の崇りとうわさされ、この事件以降、道真は火雷神として畏怖され、北野（現在の京都市上京区）の地に天神として祀られるにいたった。

平河天満宮周辺（千代田区）地図

半蔵門駅
半蔵門
新宿通り
麹町駅
平河天満宮
三宅坂
国立劇場

雷神となって朝廷を襲う道真。道真追放に関わった公卿が死傷した。朝廷は道真の怒りを鎮めるため、天満宮に祀った。（『北野天神絵巻』部分）

「天狗つぶて」の怪異

徳川家康が江戸に入国後、平河天満宮は平河門外に移され、１６０６年（慶長《けいちょう》11）に現在の地に遷座された。江戸時代後期のあるとき、平河天満宮の裏門にある家に突然どこからか、石が投げ込まれた。その後、日夜朝夕にかかわらず投げ込まれ、多いときには五〇から六〇個、少ないときでも二、三〇個というありさま。投げ込まれた石を拾い集めておいても、夜の間にすべてどこかにいってしまったという。

誰が投げているのかわからないまま町奉行まで出動する騒ぎになったが、結局、誰のしわざかわからなかった（『巷街贅説《こうがいぜいせつ》』）。こうした現象は「天狗《てんぐ》つぶて」といわれ、妖怪のしわざと考えられた。

無念の思いで雷神と化した「新田義興」

謀略で殺された義興の怨霊

新田義興《にったよしおき》は南北朝時代の武将である。南朝の忠臣として活躍し、実質的に鎌倉幕府を滅亡に追い込んだ新田義貞《よしさだ》の子だ。義興も父と同様に南朝方に属し、義良《のりよし》親王（のちの後村上《ごむらかみ》天皇）を奉じて関東地方で北朝方と戦い、幕府を悩ませた。

しかし、１３５８年（正平《しょうへい》13年／延文《えんぶん》３）、多摩川の下流、六郷川《ろくごうがわ》の矢口渡《やぐちのわたし》を通過中に、幕府方の江戸遠江守《えどとおとうみのかみ》の計略によって船の栓を抜かれ、伏兵に囲まれてついに自害に追い込まれた。

腹を切るとき、義興は自ら内臓を投げつけ、それが木にかかった。大田区鵜の木の光明寺《こうみょうじ》境内にある木がそれであるといい、雷がよく落ちるという伝説が残されている。

その後、義興は雷神と化し、七日七晩、激しい雷を起こすとともに、義興の敵対者を次々と怪死させて祟った。矢口渡付近では夜な夜な怪しい光があらわれ人々を悩ませたが、それも義興の祟りとされた。付近の人々は義興の怨霊を鎮めるために義興を祭神として新田神社を建立した。

新田神社（東京都大田区）。徳川将軍家は新田家の末裔と称したため、江戸時代、新田神社も手厚く保護された。

しかし、義興の祟りは終わらなかった。義興を自刃に追い込んだ江戸遠江守の前に亡霊となった義興があらわれ、遠江守は七日七晩溺れる真似をし、その後狂死した。このとき義興は、角の生えた馬に乗って遠江守を誅罰したともいわれる。遠江守の墓は、義興の内臓がかかった木がある光明寺にあったとされる。

また、義興を裏切った船頭の頓兵衛《とんべえ》も義興の怨霊に悩まされた挙句に死んだといわれる。

江戸時代にもあった義興の祟り

義興の祟りはその後も恐れられていた。江戸時代になっても、新田神社の垣の内のものは草の葉っぱひとつも取ってはいけないとされ、この禁を破ると義興の祟りをうけるといわれた。

1728年（享保《きょうほう》13）、時の将軍・徳川吉宗

雷神となって敵に祟る新田義興、中央で馬に乗っているのが義興。義興の左下で刀を突きだしているのが江戸遠江守。(『新田義興の霊怒て讐を報ふ図』)

が新田神社を参詣することになったとき、急に天気が悪くなった。これは、供のなかに遠江守とともに義興をあざむいた竹沢《たけざわ》右京亮《うきょうのすけ》の末裔がいたためで、義興の祟りとされた。また、そのとき、社に無礼な振る舞いをした者が突然、気絶してしまったという。

狛犬と荒塚の祟り

義興謀殺に直接手を下したのは江戸遠江守と竹沢右京亮たちだったが、彼らに義興殺害を命じたのは、足利一門の畠山国清《はたけやまくにきよ》だった。

そのため、国清の一族やその末裔たちが新田神社に近づくと、必ず天気が悪くなり、境内に置かれた狛犬が唸り声をあげたと伝

新田義興の怨霊探訪（大田区）

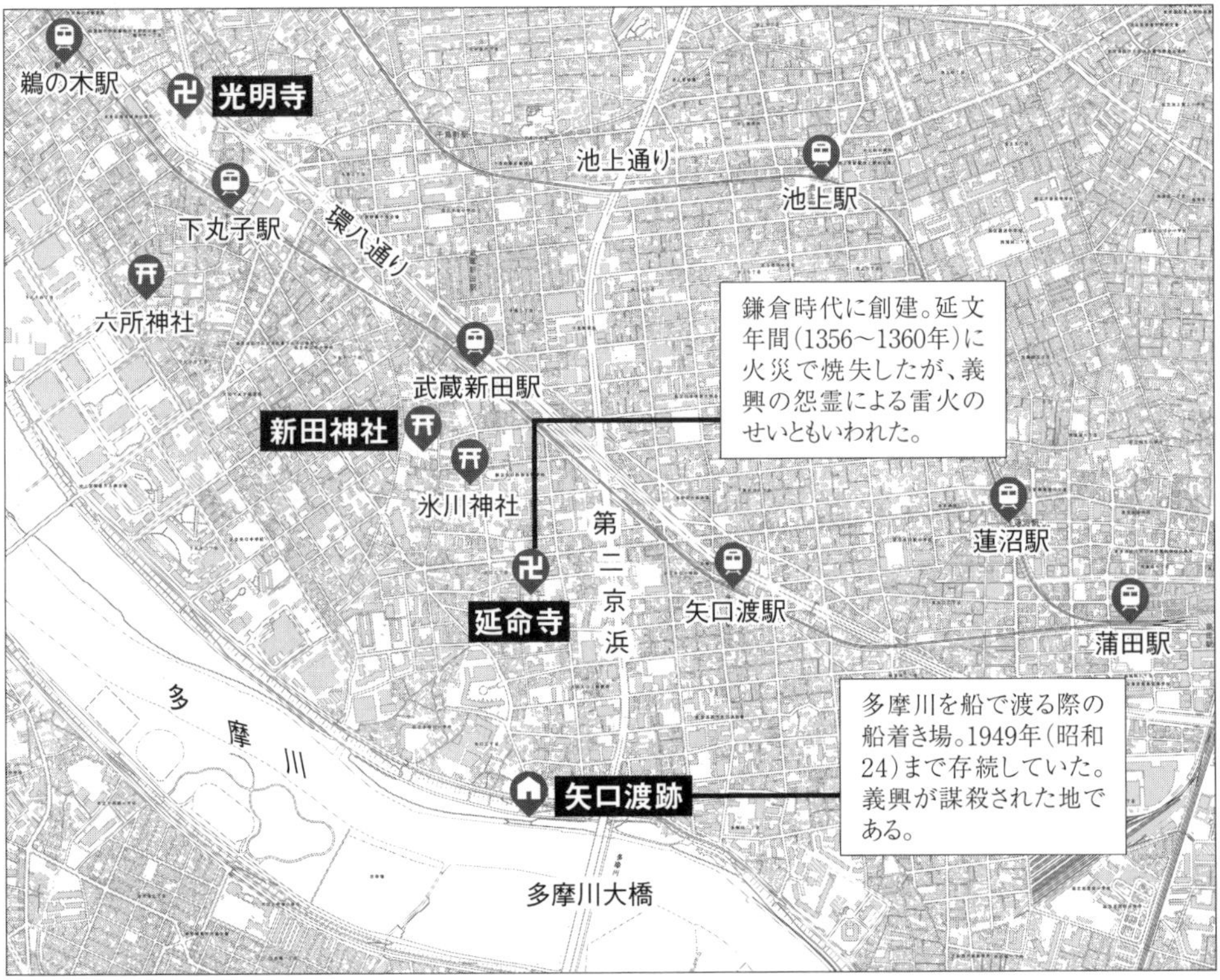
鵜の木駅
光明寺
池上通り
池上駅
下丸子駅
環八通り
六所神社
鎌倉時代に創建。延文年間（1356〜1360年）に火災で焼失したが、義興の怨霊による雷火のせいともいわれた。
武蔵新田駅
新田神社
氷川神社
第二京浜
蓮沼駅
延命寺
矢口渡駅
蒲田駅
多摩川
多摩川を船で渡る際の船着き場。1949年（昭和24）まで存続していた。義興が謀殺された地である。
矢口渡跡
多摩川大橋

えられている。現在もそのときの狛犬が一体、新田神社に祀られている。

また、新田神社の本殿裏には、義興の墳墓といわれる塚が、今もなお残されている。江戸時代の頃は「荒塚《あらづか》」あるいは「迷い塚」などといわれており、この塚に立ち入ると抜け出せなくなるといわれていた。

義興の怨霊は、没後数百年経った江戸時代にも恐れられていたのである。

妻と不倫相手を恨んで怨霊となった「小幡小平次」

妻と間男を呪い殺した怨霊の恐怖

山東京伝《さんとうきょうでん》の小説『復讐奇談安積沼《ふくしゅうきだんあさかのぬま》』（1803年［享和《きょうわ》3］）に、小幡小平次《こはたこへいじ》という怨霊が登場する。江戸時代には、「男の幽霊といえば小平次」といわれるほど有名だったという。

江戸時代中期、小幡小平次という大部屋役者がいた。芸はパッとせず、陰気で容姿もいまいちで、役者としてくすぶっていたが、あるとき幽霊役をやらせたところ、これが見事にはまり、「幽霊小平次」と呼ばれるほどの評判となった。あるとき、小平次の一座が旅回りに出たところ、小平次は妻・お塚《つか》の密通相手であった安達左九郎《あだちさくろう》に釣りに誘われ、奥州安積沼に突き落とされて殺されてしまった。ところが、小平次を殺害した左九郎が江戸にもどると、なんと小平次の家には殺したはずの小平次が病気と称して伏せっていた。驚いた左九郎が寝床の屏風を開けると、夜着から火の玉が出て飛び去っていった。左九郎とお塚は小平次の追善供養を行い、二人は結婚した。ある日、左九郎が家に帰るとお塚の隣に横たわる者がいた。左九郎はお塚が密通していると思い込み、刀をふりおろした。お塚はとっさに手で受け止めてしまったため、片手の指をすべて失ってしまった。密通相手と思ったのは、小平次の怨霊だった。その後、お塚は心身消耗して狂人となり、ある夜、小平次の怨霊がお塚を連れ去

『復讐奇談安積沼』の挿画。小幡小平次の怨霊が、お塚に襲いかかる場面。このあと、お塚は大量の血痕と長い髪の毛を残し、行方知らずとなった。

浮世絵に描かれた小幡小平次。右側にいるのが左九郎。小平次は青ざめた顔で血まみれである。（『小幡小平次』国立国会図書館蔵）

ってしまった。お塚の部屋の壁には大量の血痕、軒にはお塚の長い髪が残されていた。その後、左九郎も溺れ死ぬ者のように手足をばたつかせて狂死した。小平次の怨霊が復讐を果たしたのである。

これはあくまで小説の話だが、小平次には実在のモデルがいた。それが「こはだ小平次」という役者である。実在の小平次は役者としてうだつが上がらず自殺したという。一方で、妻を悲しませたくないと考えた小平次は、自分の死を妻に隠すよう友人に頼んでいたが、妻に懇願された友人が真実を話したところ、怪異が起こったという話も残されている。

実際にあらわれた小平次の霊

山東京伝の小説が発表されたあと、小平次の物語は評判となり、読本《よみほん》や歌舞伎などの題材となった。1808年（文化《ぶんか》5）、四代目鶴屋南北《つるやなんぼく》が小平次の話を歌舞伎の脚本に書いた。そして、上演前に本読みをしていると、部屋の入り口に異様な物音が何度も聞こえるようになった。さらに翌日には、小平次役を演じる尾上松助《おのうえまつすけ》が熱病にかかって寝込んでしまった。これは小平次の祟りだと大騒ぎになり、関係者はあわてて回向院《えこういん》で小平次の施餓鬼《せがき》（悪行を行った者を供養する法要）を行ったという。しかし、実はこれは、歌舞伎に客を呼ぶための南北が企てた戦略で、すべて南北が作り上げた虚構だった。

ところが、次のような話も残されている。1830年（文政《ぶんせい》13）のこと、歌舞伎役者の坂東彦三郎《ばんどうひこさぶろう》が物思いにふけっていると、行灯が点滅しだして、顔の青ざめた者があらわれた。その者は「私は小幡小平次の幽霊である」という。さらに話を聞くと、「私の話をすれば、いつでも姿をあらわし、人を驚かし、妄念が絶えることがなかった。昔、尾上松助という歌舞伎役者がねんごろに弔ってくれたが、このたび自分を再び舞台に取り上げてくれることを喜んでいる」といって姿を消したという。

これも宣伝戦略だったかどうかは定かではない。

人知れず殺された名もなき「淀橋の怨霊」

殺害された下僕が仇の娘に祟る

現在の新宿区西新宿あたりは、かつては淀橋《よどばし》と呼ばれていた。新宿区と中野区の境界あたりの神田川に架かる橋を「淀橋」といい、往時の名残をとどめている。

この橋を淀橋と名付けたのは、三代将軍・徳川家光といわれている。それまでは「姿見《すがたみ》ずの橋」とか「いとま乞《ご》いの橋」と呼ばれていた。「淀橋」と改称したあとも、当時の人々には「姿見ずの橋」という呼び方も残り、文化・文政期の『遊歴雑記』という本には「姿見ずの橋」と「淀橋」が併用して書かれている。

姿見ずの橋と呼ばれていたのには、血なまぐさい逸話がある。

室町時代後期、中野郷（現在の東京都中野区）に鈴木九郎《すずきくろう》という豪商が住んでいた。武家出身の九郎は武士では身を立てられなかったが、荒れ地だった中野あたりの開墾に成功し、商人として成功をおさめ、「中野長者」と呼ばれるほどの豪商に成長した。当初、九郎は故郷である紀伊国（現在の和

現在の淀橋。江戸時代には「姿見ずの橋」とも呼ばれ、いわくつきの橋として、花嫁行列はこの橋を通るのを意図的に避けたという。

歌山県）の熊野神社の十二社権現《じゅうにしゃごんげん》を祀った熊野十二社を淀橋に創建するなど、信心深い人物だった。

しかし、その一方で九郎は自分が手にした巨万の富を守ることに必死になった。財産を盗まれることを恐れた九郎は、下僕とともに金銀財宝を運んでは各地に埋めるようになった。近いところでは自ら創建した熊野十二社の敷地内や十貫坂《じっかんざか》（現在の東京中野区弥生町）、遠いところでは調布や小金井まで運んだという。金品を隠したものの、下僕から隠し場所が漏れるのを恐れた九郎は、帰り道に下僕たちを殺しては、淀橋から神田川に投げ捨てていった。こうして、一緒に出掛けたはずの下僕が、橋まで来ると見えなくなってしまうことから、「姿見ずの橋」と呼ばれるようになったのだった。

淀橋の怨霊探訪（中野区～新宿区）

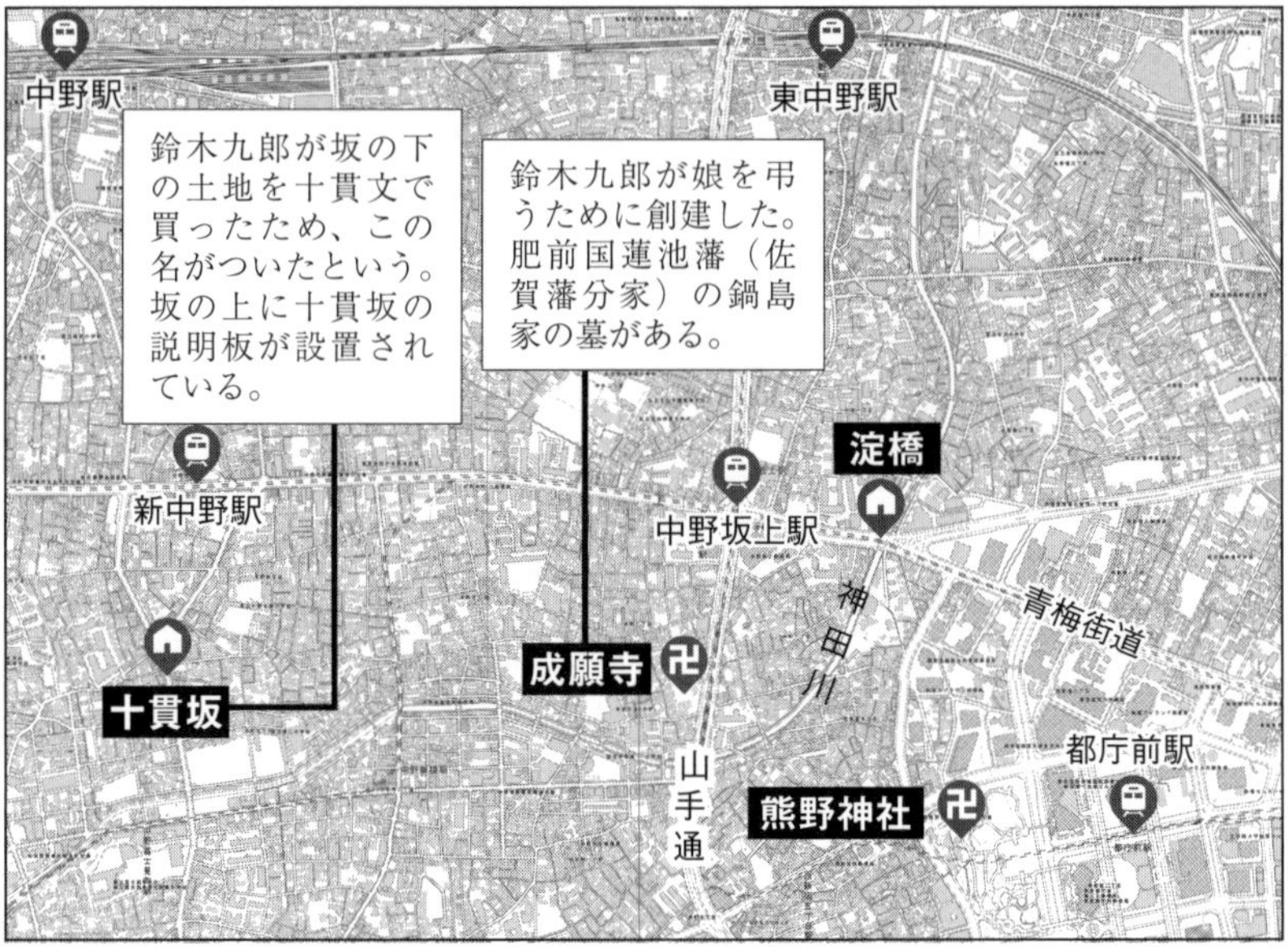
中野駅
東中野駅
鈴木九郎が坂の下の土地を十貫文で買ったため、この名がついたという。坂の上に十貫坂の説明板が設置されている。
鈴木九郎が娘を弔うために創建した。肥前国蓮池藩（佐賀藩分家）の鍋島家の墓がある。
淀橋
新中野駅
中野坂上駅
神田川
青梅街道
十貫坂
成願寺
山手通
都庁前駅
熊野神社

しかし、九郎の悪行は思いもよらぬかたちで自らにふりかかる。九郎の一人娘の婚礼の晩のことである。突然に暴風雨が襲ったかと思うと、娘が蛇の姿に変わり、熊野十二社の池に飛び込んでしまったのである。九郎に殺害された下僕たちの怨霊が娘を蛇に変えたと恐れられた。

娘の死を目の当たりにした九郎は改心し、出家して自分の屋敷に正歓寺《せいかんじ》を創建、娘の菩提を弔うために七つの塔を立て、以降は信心深い生活を送ったという。

しかし、姿見ずの橋の血なまぐさい逸話は江戸時代にも伝承された。家光がこの橋を淀橋と名付けたのも、不吉な言い伝えを嫌ったためともいわれる。とはいえ、名前を変えても伝承が消えるわけではなかった。江戸時代になっても、淀橋は不吉な橋として認識され、婚礼などのめでたい儀式で使われることはなかったという。盛大な浄め式が行われ、下僕たちの怨霊が取り払われたのは、なんと大正時代になってからのことだった。娘が飛び込んだという十二社の池と七つの塔は現存しないが、九郎の屋敷内に建立された正歓寺は成願寺《じょうがんじ》と名前を変えて存続している。成願寺の境内には、九郎の屋敷跡の石碑と「中野長者」の案内板が設置されている。

『名所江戸百景』に描かれた熊野十二社。中央の大きな池が、九郎の娘が飛び込んだとされる十二社の池。この池は1960年代頃までは残っていたという。

現世に未練を残して殺された「刑場の怨霊」

むごたらしい極刑が行われた鈴ヶ森刑場

江戸時代、死刑を宣告された者は、重罪の場合は磔《はりつけ》にされたり火あぶりにされたりしたあと、首をはねられてさらし首にされた。恨みを残して死んでいった者も多くいたことは想像に難くない。

江戸時代の刑場として有名なのが鈴ヶ森《すずがもり》刑場（現在の東京都品川区）と小塚原《こづかはら》刑場（現在の東京都荒川区）である。もともと江戸の刑場は現在の日本橋四丁目あたりにあり、その後に浅草鳥越《とりごえ》に移った。鳥越の廃止後は刑場のみ浅草聖天町西方寺《しょうでんちょうせいほうじ》の向かい側に移転した。そしてそのあとに鈴ヶ森と小塚原に移ったとされる。

鈴ヶ森刑場は1651年（慶安《けいあん》4）にお仕置き場として設置された。東海道に面して奥行き九間（約一六メートル）の敷地に竹矢来《たけやらい》がめぐらしてあり、そのなかで処刑が行われた。犯罪を抑止する目的で、処刑は公開された。火あぶりの場合、死体はしばらくそのまま放っておかれたため、野犬などが死骸に群がることもあったといい、婦女子はこの地を避け、東海道を江戸に向かう場合は別の道を選

江戸時代の磔の図。木材に縛り付けられた罪人の脇腹を槍で突き刺す。見せしめのため、処刑は公開されていた。

んだともいわれる。

現在、鈴ヶ森刑場の跡地には、受刑者たちの供養塔が建立されており、そのなかに「南無妙法蓮華経」と刻まれた石碑が建てられている。

これは1698年（元禄《げんろく》11）に法春比丘尼《ほうしゅんびくに》が供養のために建碑したものである。法春の子・谷口与右衛門《たにぐちよえもん》が酒に酔って犬を殺害したが、その当時は「生類憐《しょうるいあわれ》みの令」がしかれていたため与右衛門はつかまり、小塚原刑場で処刑された。法春は与右衛門の菩提を弔うために小塚原と鈴ヶ森に供養塔を建てたという。小塚原にも、同様に供養塔が今なお現存している。

また、鈴ヶ森刑場跡には「首洗いの井戸」と呼ばれる井戸が現存しているが、これはさらし首にするために首を洗った井戸が江戸時

現在の鈴ヶ森刑場跡。跡地には火あぶりのために鉄柱を差し込んだ石の土台と、磔台が残されている。向かって右側が火あぶり台で丸い穴が開いている。左が磔台で、四角い穴が開いている。

代当時のまま残っているのだという。現在は金網で蓋をされている。

そのほか、磔用の台石と、火あぶり用の台石も保存されている。台石には、罪人を縛り付けた木や鉄柱を立てるための穴があけられている。

鈴ヶ森刑場のそばを流れる立会川《たちあいがわ》にかかる浜川橋《はまかわばし》は、罪人が家族との別れを惜しみ涙を流したことから、江戸時代には「泪橋《なみだばし》」（涙橋）とも呼ばれた。

刑死者を供養する大経寺

近くにある日蓮宗大経寺《だいきょうじ》は刑死者の供養のために建てられた寺だが、その境内には磔や火あぶりに使ったとされる台石や多くの供養塔が残っている。

ここで処刑された有名人には、幕府転覆を図った丸橋忠弥《まるばしちゅうや》、徳川の一族と称して世人をたぶらかした天一坊《てんいちぼう》、歌舞伎の白井権八《しらいごんぱち》のモデルでもある殺人強盗を重ねた武士の平井《ひらい》権八、放火犯の八百屋《やおや》お七《しち》などがいる。このうち丸橋忠弥が鈴ヶ森の最初の処刑者といわれる。忠弥の墓は豊島区高田の金乗院《こんじょういん》慈眼寺《じがんじ》（目白不動）にあるが、首塚は品川区南品川の妙蓮寺《みょうれんじ》にある。処刑の翌日、妙蓮寺住職の枕元に忠弥の首が転がっていたので、住職が境内に埋葬したという。

弔われなかった小塚原の罪人

鈴ヶ森と並ぶ江戸の仕置き場が小塚原刑場だ。鈴ヶ森刑場と同様、磔・火あぶり・獄門という極刑が行われた場所である。小塚原刑場は南千住にあり、日光道中の入り口にあたる。間口六〇間（約一〇九メートル）、奥行き六〇間の敷地を占めていた。現在、跡地の近くには1741年（寛保《かんぽう》1）建立の首切地蔵《くびきりじぞう》（延命《えんめい》地蔵）をはじめ、石地蔵などが立ち並んでいる。明治初年に廃止されるまで、刑死者は二〇万人にのぼったという。

処刑者らの菩提を弔うために建立されたのが小塚原回向院《えこういん》で、これは1667年（寛文《かんぶん》7）に両国《りょうごく》の回向院の別院として建てられた。無縁仏を供養するために建立された首切地蔵はもともと、ここに安置されていた。

当時、処刑されたあとの死体は見せしめとしてしばらくさらされたうえに、丁寧に埋葬されること

小塚原回向院にあった「首切地蔵」は1741年(寛保1)に建立されたとされる。線路敷設のために現在地に移され、1976年(昭和51)に分離独立して延命寺となった。

もなかったため、遺体には蛆がわき、野犬などが遺体を食い散らかし、ひどい悪臭を放っていたという。そうした状況を見かねた回向院の僧が、別院として小塚原回向院を創建したのである。

ここには、鼠小僧次郎吉《ねずみこぞうじろきち》や高橋お伝《たかはしおでん》（明治時代の殺人犯）などの墓のほか、安政の大獄《あんせいのたいごく》で処刑された梅田雲浜《うめだうんぴん》や橋本左内《はしもとさない》なども葬られている。

1822年（文政《ぶんせい》5）、相馬大作《そうまだいさく》という者が斬首のうえ、小塚原刑場でさらし首にされた。相馬大作は本名を下斗米秀之進《しもとまいひでのしん》といい、南部藩の家臣だった。秀之進は反目していた津軽藩主・津軽寧親《やすちか》を暗殺しようとしたが失敗し、相馬大作と名を変えて江戸に潜んでいたが逮捕され、処刑された。首は刑場にさらされたが、そのとき生首が津軽藩領の方向を向いて笑ったという伝承が残されている。

処刑場の変遷

徳川家康が江戸に入国したとき、刑場は日本橋本町四丁目（現在の日本橋本町二〜三丁目あたり）

『安政箇労痢流行記（あんせいころりりゅうこうき）』（1858年［安政5］）に書かれた小塚原の様子。左下に首切地蔵が描かれている。

江戸の処刑場の変遷

日本橋本町四丁目
北条氏の時代から使われていた刑場。徳川家康入国後、江戸の町が整備されるまで使われていたとされる。現在の中央区日本橋三丁目あたり。

鳥越
1645年（正保2）頃まで使われていたとされる。現在の鳥越神社（台東区鳥越）あたりにあった。

聖天町西方寺前
幕府の御蔵地（蔵前）をつくるために移転したという。現在の台東区浅草七丁目あたり。

小塚原刑場
1651年（慶安4）、現在の荒川区南千住に設置された。1873年（明治6）まで使用された。

本材木町五丁目
ごく短期間だが、本材木町に処刑場が置かれていたとされる。現在の中央区日本橋三丁目あたり。

高輪二丁目
鈴ヶ森刑場設置の直前の刑場。刑場の跡地には如来寺が創建された。現在の港区高輪二丁目あたり。

鈴ヶ森刑場
1651年（慶安4）、現在の品川区南大井に設置された。1873年（明治6）まで使用された。

にあった。戦国時代から安土桃山時代にかけて関東地方を支配していた北条氏が使っていた刑場をそのまま使用したのである。

江戸城下が発展するにともない、刑場は二つに分かれて移転した。

ひとつは鳥越《とりごえ》（現在の台東区柳橋あたりか）、もうひとつは本

江戸の処刑場跡探訪

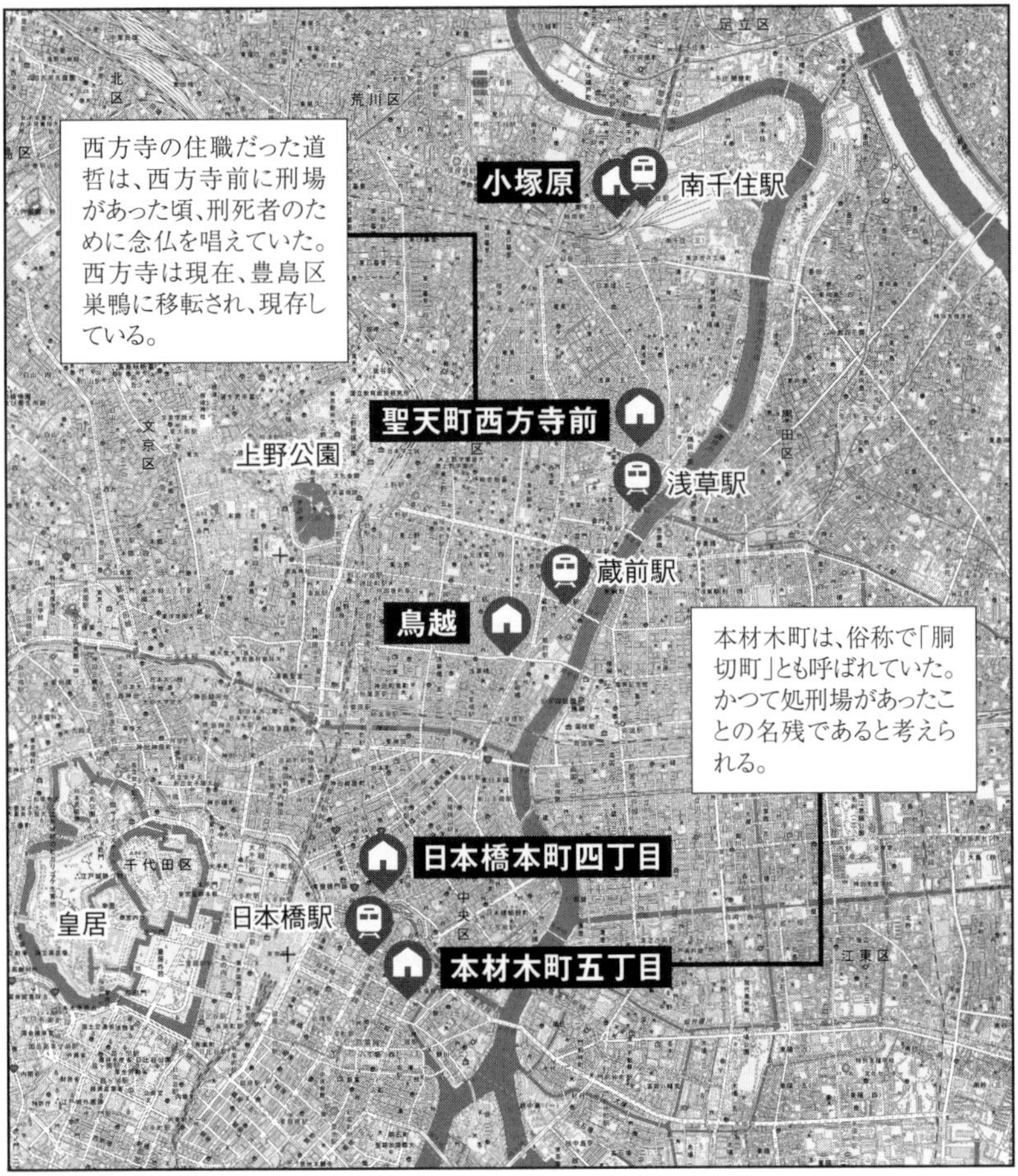
小塚原
南千住駅
聖天町西方寺前
浅草駅
上野公園
蔵前駅
鳥越
日本橋本町四丁目
日本橋駅
本材木町五丁目
皇居
千代田区
中央区
江東区
文京区
荒川区
北区
足立区
墨田区
西方寺の住職だった道哲は、西方寺前に刑場があった頃、刑死者のために念仏を唱えていた。西方寺は現在、豊島区巣鴨に移転され、現存している。
本材木町は、俗称で「胴切町」とも呼ばれていた。かつて処刑場があったことの名残であると考えられる。

材木町五丁目だ。そして、幕府の御米蔵《おこめぐら》を建てるため、鳥越の刑場は浅草の聖天《しょうでん》町西方寺《ちょうせいほうじ》の向かい（現在の台東区浅草七丁目あたり）に移された。本材木町五丁目の刑場も、のちに高輪に移転した。そして、聖天町西方寺の向かいの刑場が小塚原に、高輪二丁目の刑場が鈴ヶ森にそれぞれ移され、幕末まで続くことになる。鈴ヶ森と小塚原以外の刑場は今は残っていない。

体を引き裂く残酷刑

現在の渋谷区幡ヶ谷一丁目あたりは、江戸時代には「牛ヶ窪《うしがくぼ》」と呼ばれていた。これはその地が窪地になっていることと、牛にまつわる逸話があったためである。ここでは「牛裂《うしざ》き」と呼ばれる処刑が行われていたのである。

牛裂きとは、罪人の両手両足を二頭あるいは四頭の牛の角に縄で結びつけ、牛を四方に走らせて身体を引き裂くという極刑である。江戸時代になって牛裂きは幕府の処刑法としては禁止されたが、この地で牛裂きが行われていたことは伝承として残された。

宝永《ほうえい》年間（１７０４〜１７１１）の頃、この地で疫病が流行したことがあった。土地の人々は、牛裂きで命を落とした罪人の祟りであると恐れ、１７１１年（正徳《しょうとく》1）、罪人たちの怨霊を鎮めるために地蔵尊を建立した。これを「牛窪地蔵尊」といい、現在も幡ヶ谷の地に鎮座している。

第三章

江戸に現れた〝妖怪〟の真実

――天狗、河童、変化…妖怪の正体をひもとく

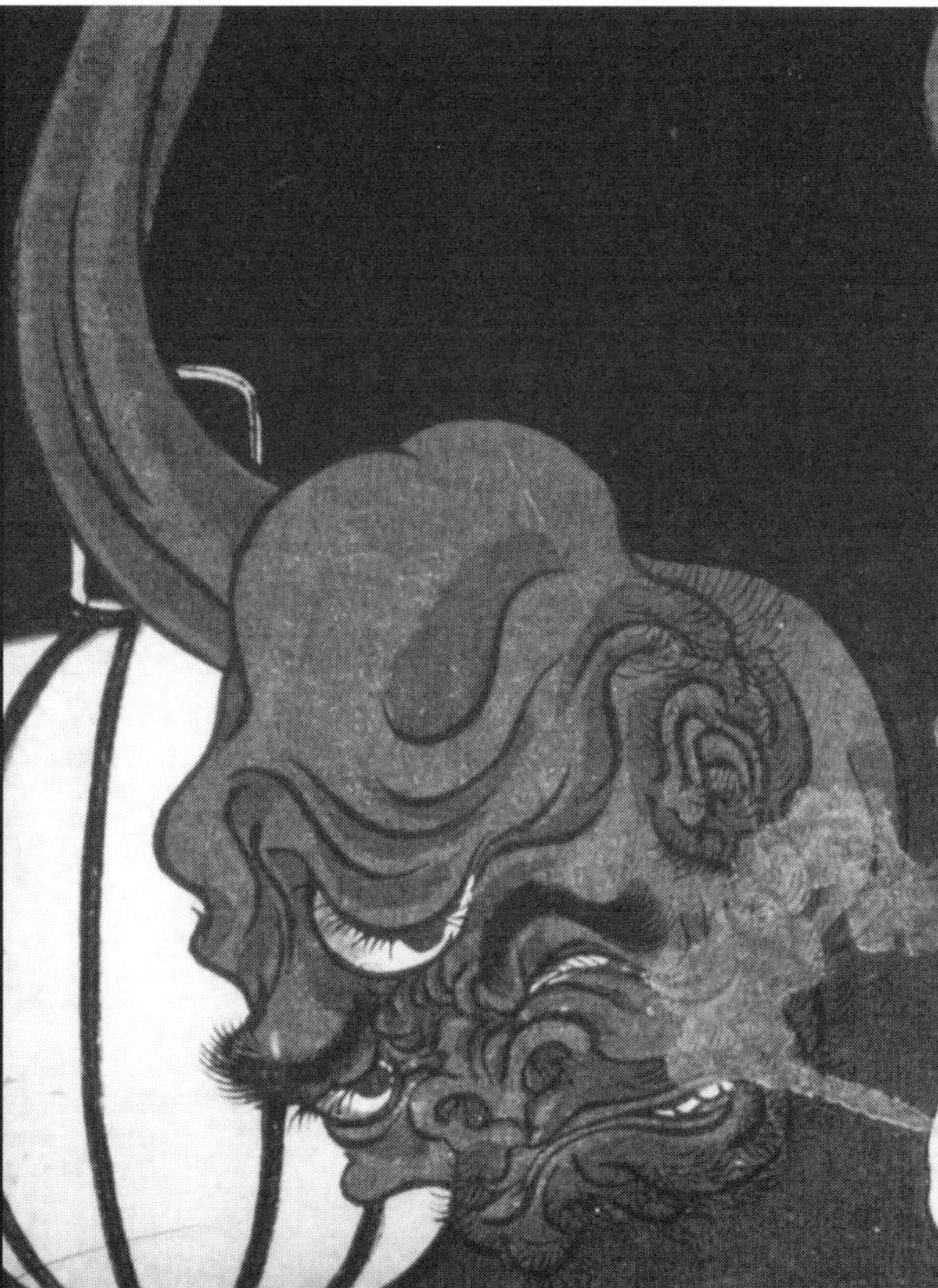

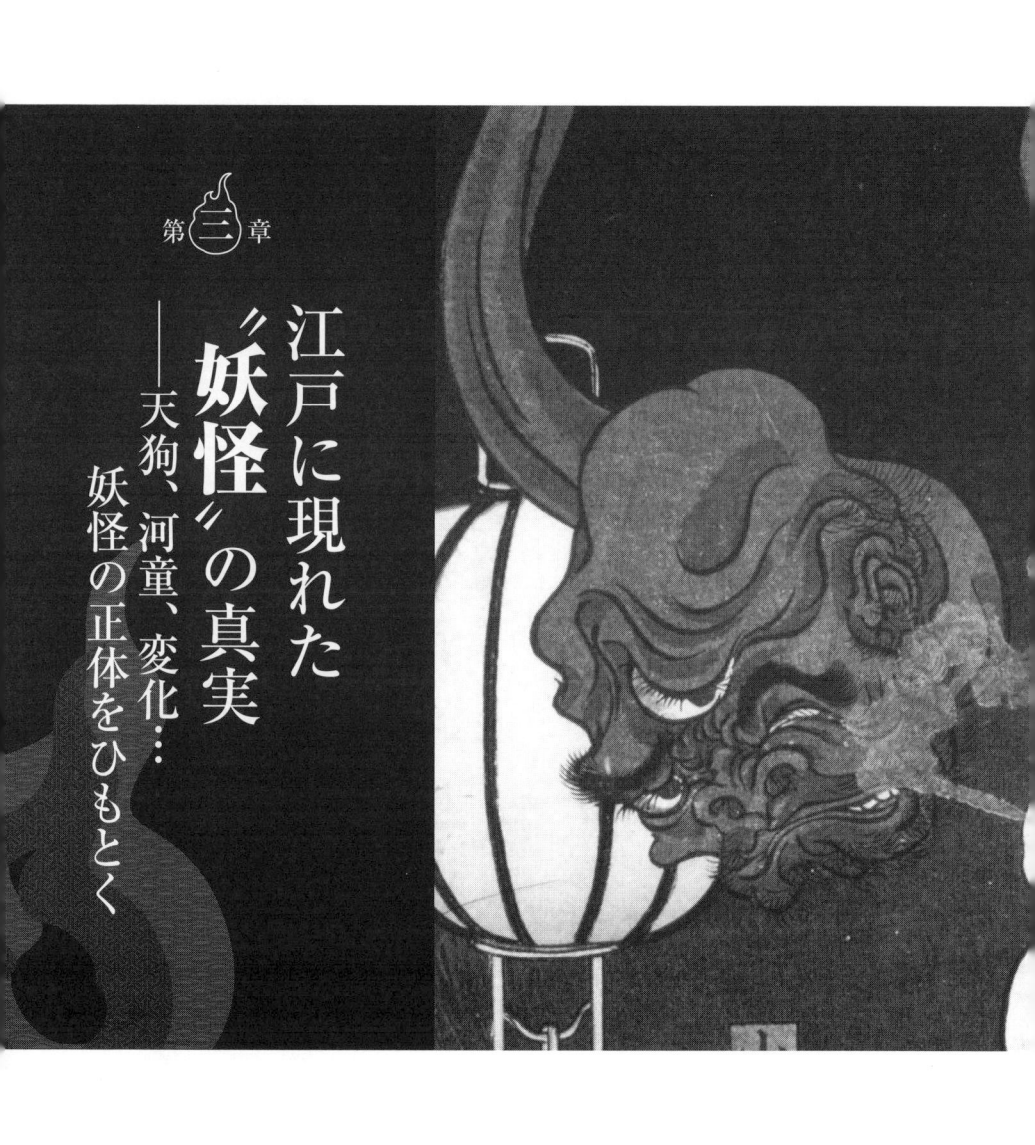

空を駆け、人をさらう「天狗」

天狗の世界に行った少年

江戸時代後期、下谷七軒町《したやしちけんちょう》（現在の台東区元浅草あたり）に寅吉《とらきち》という少年がいた。寅吉が東叡《とうえい》山《ざん》（寛永寺《かんえいじ》）で遊んでいると、五〇歳くらいの髭の長い老人と出会った。老人は丸薬を売っていたが、商売が終わったあとその丸薬を小さな壺に入れると、もっていた葛籠《つづら》までもその壺に入れた。それどころか、自分もその壺に入ってどこかに飛んでいってしまった。数日後、寅吉は再び東叡山でその老人に出会い、老人に誘われてその壺のなかに入ってみると、そこは天狗《てんぐ》の世界だった。寅吉はそこで天狗から呪術の修行を受けたという。

寅吉の話は江戸中で話題となり、国学《こくがく》の大家で「復古神道《ふっこしんとう》」の大成者として知られ、湯島で私塾・気吹舎《いぶきのや》（現在の文京区湯島、湯島聖天あたり）を開いていた平田篤胤《ひらたあつたね》が寅吉に非常に興味をもった。篤胤はなかば強引に寅吉を家に招き、寅吉から天狗の世界について聞きだした。

篤胤が執拗に寅吉に質問した結果、篤胤は天狗の世界は存在すると確信し、寅吉の話をまとめて

天狗かくし探訪（台東区～渋谷区）

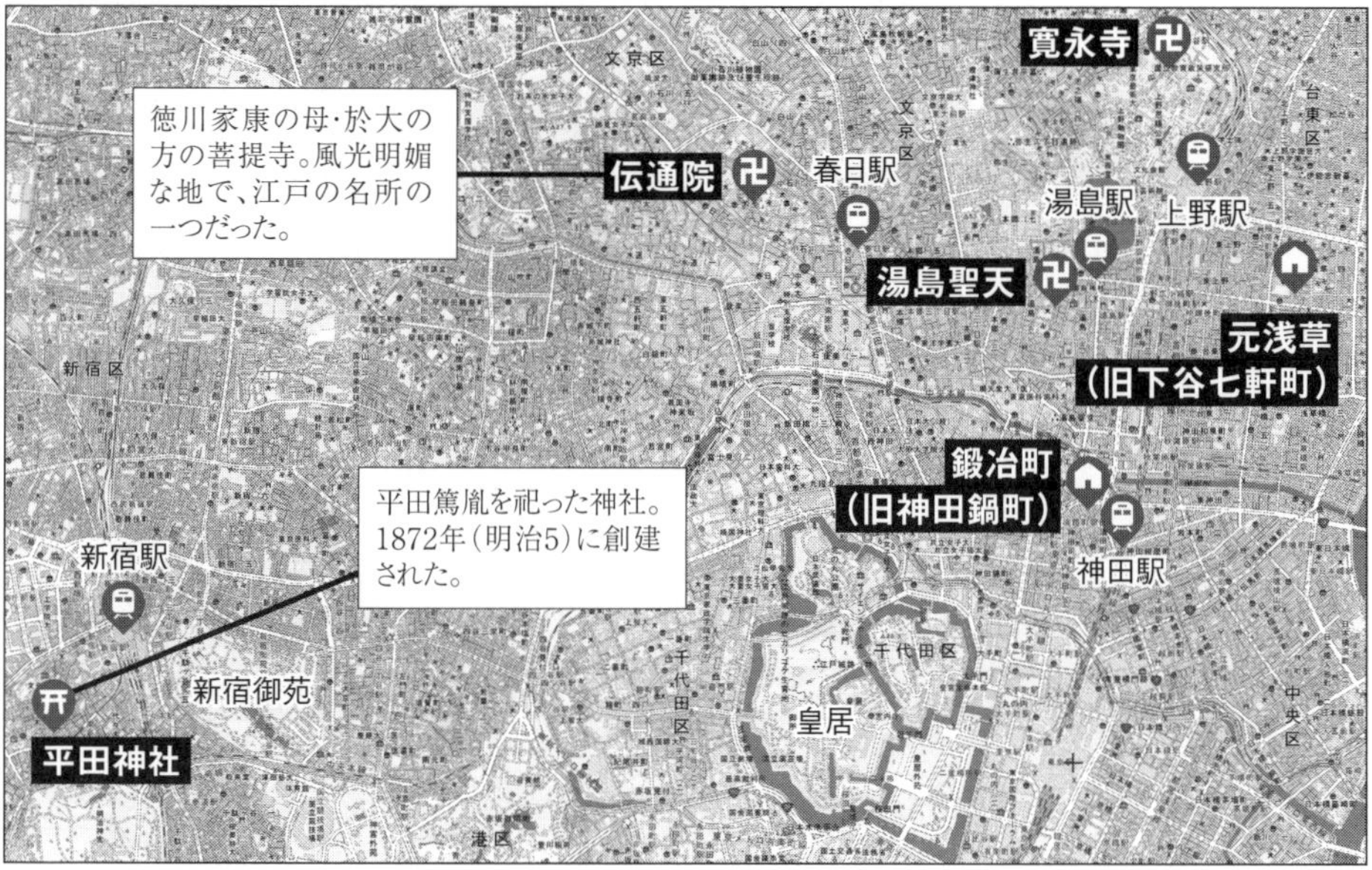
寛永寺
文京区
徳川家康の母・於大の方の菩提寺。風光明媚な地で、江戸の名所の一つだった。
伝通院
春日駅
湯島駅
上野駅
湯島聖天
元浅草（旧下谷七軒町）
新宿区
鍛冶町（旧神田鍋町）
平田篤胤を祀った神社。1872年（明治5）に創建された。
新宿駅
神田駅
千代田区
新宿御苑
皇居
中央区
平田神社
港区

『仙境異聞《せんきょういぶん》』という一書を出版している。

正徳《しょうとく》年間（1711～1716）の正月一五日、江戸神田鍋町《かんだなべちょう》（現在の千代田区鍛冶町あたり）の小間物屋の小僧が、今しがた手ぬぐいをもって銭湯に出かけたかと思ったら、すぐに旅姿で帰ってきて、「昨年の一二月一三日から留守にして申し訳ありませんでした」と、不思議なことをいった。話を聞くと、天狗に連れられて秩父の山に行き、そこで給仕をしていたが、今朝ようやく帰してもらえたのだという。これは寛保《かんぽう》年間（1741～1744）に編纂された『諸国里人談《しょこくりじんだん》』という本に掲載されている「天狗隠し」の話である。

もうひとつ、『百草《ひゃくそう》』という江戸時代の書に書かれた話を紹介する。小石川伝通院の岱《たい》雄《ゆう》という者が僧と一緒に出かけたが帰らず、二日後に寺の寮で昏倒した状態で発見された。

天狗にさらわれた子どもの行方は天狗でなければわからないと、自らのはらわたを天に差し出して天狗になる場面を描いている。左上に描かれているのが、一念が変じた天狗の姿。(『双生隅田川　人買惣太自害』高知県朝倉神社蔵)

岱雄は「歩いている途中に自然と体が宙に浮き、成田不動へ参詣し、大樹の間にいた出家者たちと相撲をしたり食事をしたりした」と述べた。このとき天狗は、もう一度参詣したくなったら東を向いて不動を念じろと岱雄にいったという。

このように、「あるとき突然、人が姿を消し、しばらくするともどってくる」という話が、江戸時代には時折起こった。「神隠し」あるいは「天狗隠し」などと呼ばれる怪異現象である。

流星から形あるものへと変化した天狗

天狗はそもそも中国出身の妖怪で、もともとは「天を駆ける狗《いぬ》」の意味で、流星のことだった。爆音を立てながら飛ぶ流星を、犬が吠えながら走る姿に例えたのである。

中国の歴史書である『史記《しき》』に、次のような記事がある。「天狗《てんこう》、状大奔星《じょうだいほんせい》の如《ごと》し、聲《こえ》有り、其下《そのお》りて狗《いぬ》に類《るい》す、落つる所炎火《えんか》に及ぶ、之《これ》を望めば火光《かこう》の如く、炎炎《えんえん》として天を衝《つ》く（後略）」（天狗の形状は大きな流星のようで、声がして、地上に落ちると犬のようで、落ちたところは激しく燃え上がる。落下するときは火の玉のようで、炎が燃え盛って天にまで届く）。同じく中国の歴史書『漢書《かんじょ》』にも同様の趣旨が書かれており、さらに「落ちた跡に見つかる獣を天狗とも称す」とある。

ここに出てくる天狗は流星の名前であって、私たちが想像する赤ら顔で鼻の長い天狗ではなく、その出現により戦争が起こり、将軍が死ぬという災いの予兆とされている。

637年（舒明《じょめい》天皇9）二月、日本にも天狗があらわれたという。『日本書紀《にほんしょき》』に、「大なる星、東より西に流る。便《すなわ》ち音有り、雷に似たり。時の人の曰《いわ》く、流星《ながれぼし》の音なり。亦《また》曰く、地雷《つちいかづち》なり。是《これ》に於《おい》て僧旻僧《ほうし》曰く、流星に非《あら》ず、是れ天狗《あまつきつね》なり」とある。そして、その翌月に蝦夷《えぞ》の反乱が起こったという記事があり、天狗の出現が不吉な出来事の前兆として認識されていたことがわかる。

天狗は災厄の象徴であった。珍しい彗星に「ハレー彗星」と名付けるようなものだった。しかし、

『天狗礫鼻江戸子』（1793年）に描かれた天狗。江戸時代になると、天狗の姿は、山伏がかぶる帽子・頭襟をかぶり、衣裳も山伏のようになった。（国立国会図書館蔵）

天狗を自然現象のひとつとする思想は日本には根付かなかったようで、時代を経るにつれて天狗は形をもつようになる。

平安時代の物語集『宇津保物語《うつほものがたり》』に「かく遥かなる山に、誰か物の音調べて遊び居たらん。天狗のするにこそあらめ」（あのようなはるかかなたの山に、誰が物の音を奏でて遊んでいるというのか。天狗のしわざであろうか）とある。また、「天狗」に「変化《へんげ》のもの、又狐の類」という注釈がついており、姿こそあらわさないが、人を惑わす存在として登場する。

平安時代後期の歴史物語である『大鏡《おおかがみ》』にも、三条《さんじょう》天皇の眼病の原因は比叡山に棲む天狗のしわざとする記事がある。一二世紀初頭に成立した『今昔物語集』には、天狗は羽をもち、病気をもたらす「物の怪《もののけ》」として描かれている。また、くちばしをもち、僧侶の姿をした天狗も登場し、現在の天狗に近いかたちをもつようになっている。

天狗と修験道

中世末期になると、天狗は修験道《しゅげんどう》と関わりをもつようになる。

修験道とは、日本独自の呪術的な山岳信仰で、山にこもって厳しい修行を行って悟りを得ることをめざす宗教のひとつである。

修験道における修行者を山伏《やまぶし》というが、いつからか天狗は、高下駄をはいた山伏の服装で描かれるようになった。山伏がかぶる頭襟《ときん》という帽子をかぶる天狗もおなじみだろう。滝に打たれたり、火の上を素足で歩いたり、険しい岩を登ったりといった難行苦行を重ね、神聖な山の霊気を身にまとった神秘的な山伏の姿が、天狗と重なったのであろうか。

高尾の大天狗

江戸の天狗として有名なのが、秩父山地の東にそびえる高尾山の天狗である。

高尾山は上椚田村《かみくぬぎだ》（現在の八王子市高尾町）にそびえたつ山で、修験道の霊山として知られ、この

高尾山薬王院の飯縄権現堂（東京都八王子市）。堂内に安置されている本尊の飯縄権現は秘仏とされ、通常は公開されていない。

山には古くから天狗がいると伝えられていた。「天狗裁き」という江戸落語があるが、そこに登場するのが高尾山の天狗である。高尾の天狗伝説は、江戸落語に登場するくらい有名だったということだ。

山全体を寺域とする高尾山は正式名称を「高尾山薬王院有喜寺《やくおういんうきじ》」といい、奈良時代に聖武《しょうむ》天皇の勅命で創建された祈願寺である。高尾山の歴史が大きく変わったのは南北朝時代のことで、京都から俊源《しゅんげん》という僧が入山してからだ。俊源は飯縄大権現《いづなだいごんげん》を本尊として祀ったのだが、これが高尾山の天狗伝説を生みだしたという。天狗は飯縄権現の随身とされていたのだ。そのため高尾山薬王院の本尊である飯縄権現は、左右に天狗をしたがえている。飯縄権現は右手に宝剣、左手に索縄《さくじょう》をもち、白狐にまたがった姿をしており、飯縄権現自体も天狗と同一視されることもある。

火事を引き起こすと恐れられた天狗

高尾山の天狗は神の使いとして知られているが、天狗は災いをもたらす妖怪に近い側面ももっている。冒頭で述べた「人をさらう」というのもひとつだが、もうひとつ、江戸の人々は頻繁に起こる火事を天狗の祟りと考えた。江戸の町は火事の多いところだったが、あまりに頻繁に火事が起こるので、人々はいつしか、「火事は天狗の祟りのせいだ」とうわさするようになった。

江戸時代、お伊勢参りと人気を二分するほどの人気を博したものに「遠州秋葉参り《おんしゅうあきば》」があった。遠江国《とおとうみ》（現在の静岡《しずおか》県西部）の「秋葉寺《しゅうようじ》」に参詣するのだが、秋葉寺は火伏せの神（火難除けの神様）として信仰された秋葉社の勧請元である。秋葉寺の本尊が秋葉権現で、遠州秋葉山の山岳信仰と修験道が融合した神仏習合《しんぶつしゅうごう》の神だが、その姿は烏天狗《からすてんぐ》のようである。こうしたことから、火事と天狗が関連付けられたようだ。

また、天狗は羽うちわをもった姿で描かれることが多いが、このうちわには強力な妖力が備わっているといわれた。天狗はこのうちわを使って突風を巻き起こしたり、火事を引き起こしたり、天気を自由自在に操ったとされた。これも天狗と火事の関係を暗示させる。

水中に人間を引き込む妖怪「河童」

水辺に棲む妖怪

江戸時代、江戸の町は水路が張り巡らされた「水の町」で、川や堀がいたるところにあり、水難事故が絶えなかった。そのため、子どもが溺死したり馬が水辺で死んだりすると、水中に潜んでいる妖怪のしわざだといわれるようになり、それが河童《かっぱ》のせいといわれるようになった。

河童は川や池に棲息する妖怪の一種で、河太郎《かわたろう》、川太郎ともいい、地域によってもさまざまな呼称がある。もともとは文字どおり「かわわっぱ」と呼ばれていたが、それが訛って「かっぱ」になったとする説もある。「かっぱ」は関東地方での呼び名である。

1712年（正徳《しょうとく》2）に成立した『和漢三才図会《わかんさんさいずえ》』（寺島良安《てらじまりょうあん》編）には、「水虎《すいこ》」と「川太郎」という項目がある。川太郎は西日本での河童の呼称である。その本によると、河童は一〇歳の子どもくらいの大きさで立って歩き、人の言葉を話す。髪の毛は短くて少なく、頭のてっぺんにくぼみがあり、そこには水を入れることができ、その水がなくなると力尽きるという。

1709年（宝永《ほうえい》6）に編纂された『大和本草《やまとほんぞう》』（貝原益軒《かいばらえきけん》）には、「河童」という項目がある。河童と書いて「かわたろう」と読ませている。これによると河童は五、六歳の子どものようだと書かれており、河童に会うと精神が錯乱するという。

1717年（享保《きょうほう》2）に発刊された『書言字考節用集《しょげんじこうせつようしゅう》』には「三、四歳の子どものよう」との記述がある。それより一〇〇年前の1603年（慶長《けいちょう》8）に編纂された『日葡辞書《にっぽ》』には「猿に似た一種の獣」とある。いずれにしても、子どもくらいの体格という共通認識があったのだろう。

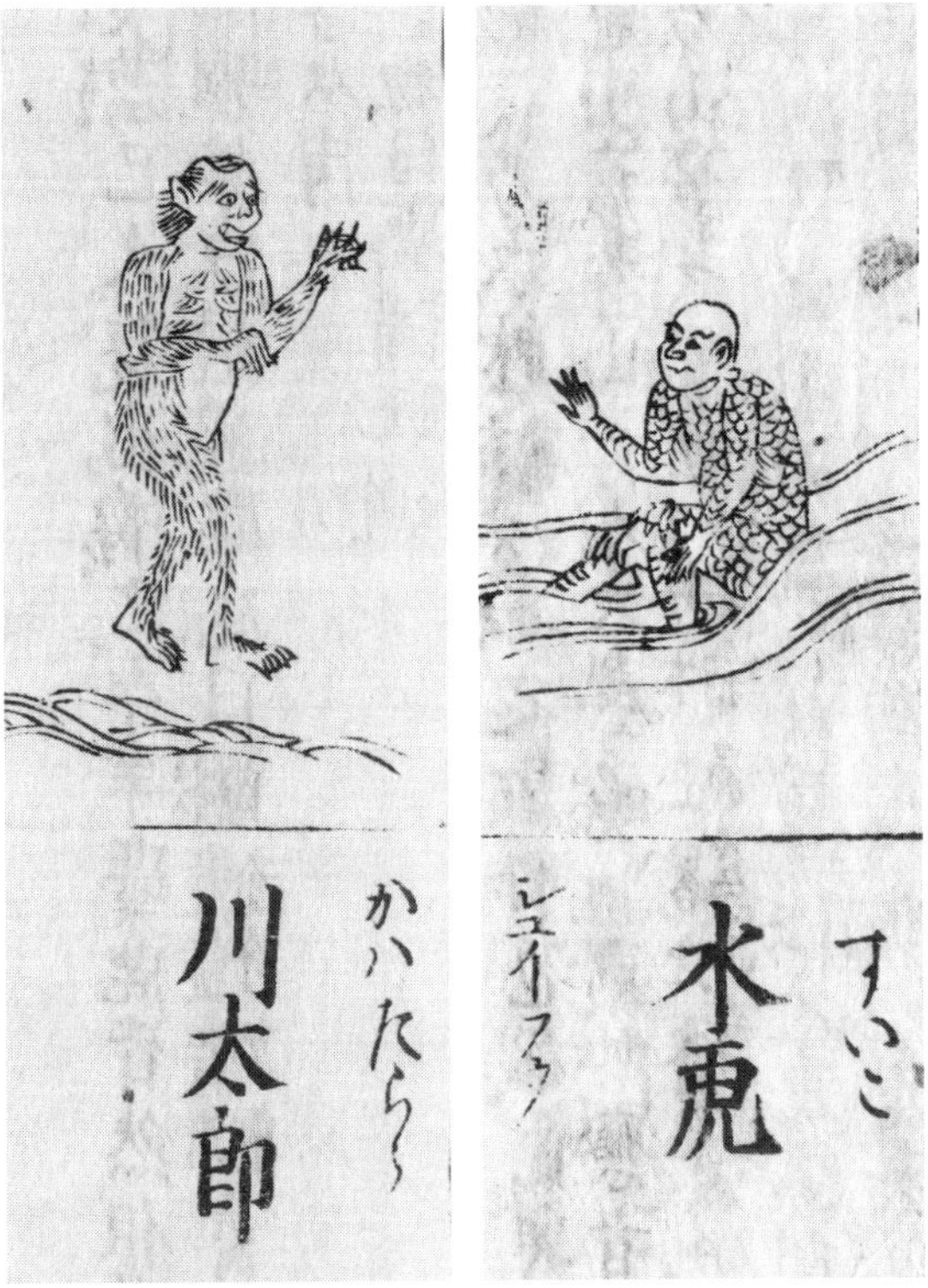

『和漢三才図会』に描かれた「川太郎」と「水虎」。川太郎が河童のことである。身体に毛が生えていて、頭のてっぺんにくぼみはあるが皿はない。

現在の河童のイメージは、頭に皿があってそこに水が入っており、水が枯れると力が弱まるか死んでしまい、相撲を好み、尻子玉《しりこだま》を抜くというものだろう。

尻子玉とは肛門内にあるといわれた想像上の玉で、

主な地域の河童の呼び方

地域	呼び方	地域	呼び方
陸奥（東北地方）	メドチ	大阪	ガタロ
佐渡（新潟県）	ウミカブロ	岡山	ゴンゴ
石川	ミヅシ	広島	エンコウ
山梨	カンキチ	松山（愛媛県）	カワコウ
愛知	カワランベ	高知	シバテン
白子（三重県）	川原小僧《かわらこぞう》	熊本	ガラッパ
山田（三重県）	川小法師《かわこぼし》	宮崎	ヒョウスベ
熊野（和歌山県）	カシャンボ	奄美（鹿児島県）	ケンムン

この玉を抜かれると腑抜けになってしまうとされた。

1775年（安永《あんえい》4）の『物類称呼《ぶつるいしょうこ》』（越谷吾山《こしがやござん》）には「かしらの毛赤うして、頂《いただき》に凹《くぼみ》なるさら有水をたくはふる時は力はなはだつよし性相撲を好み」とある。前出の『和漢三才図会』にも、相撲好きであると書かれている。ただし、尻子玉を抜くのではなく、尻から血を吸い

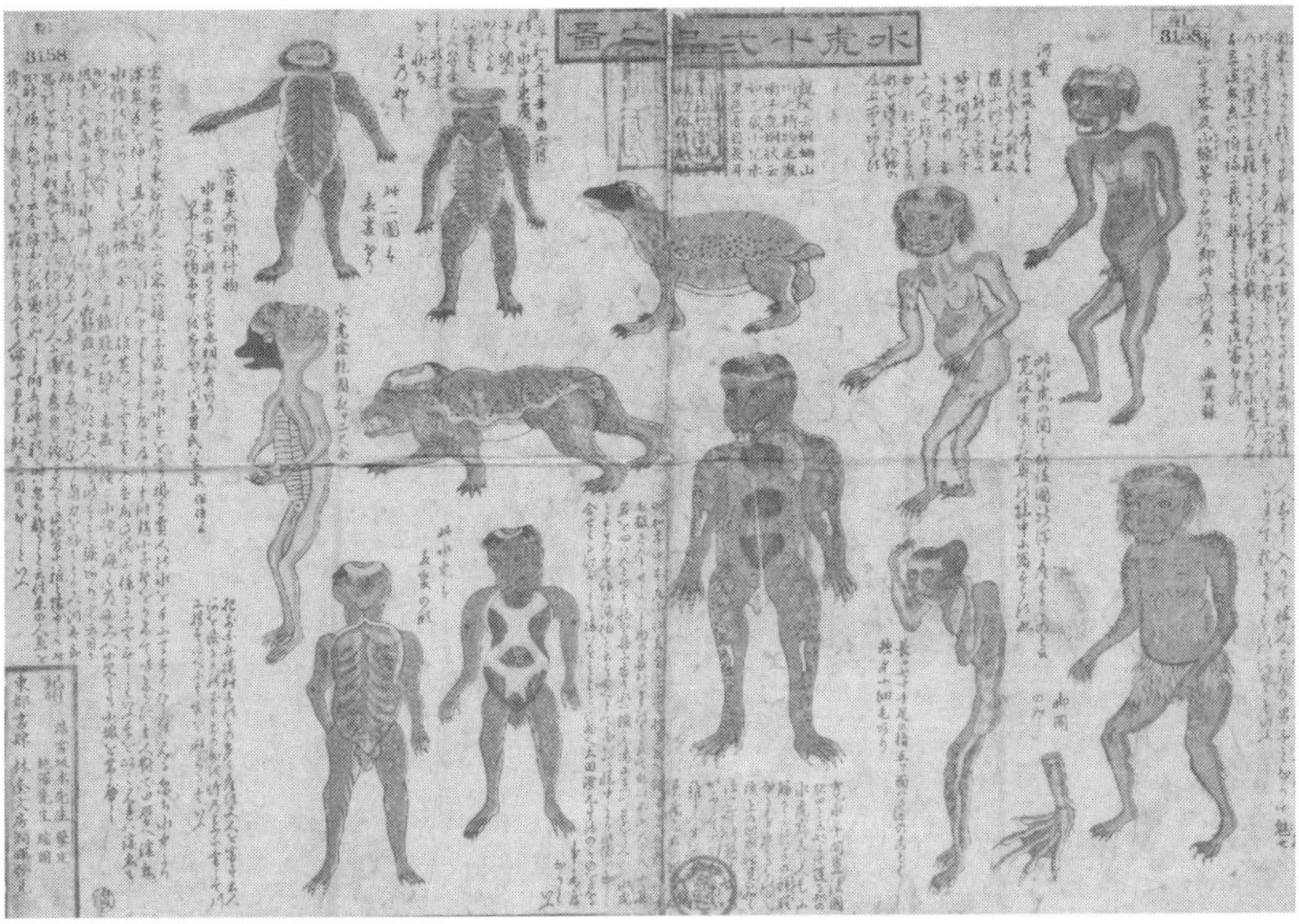

さまざまな河童を描いた『水虎十弐品之圖（すいこじゅうにひんのず）』。四足歩行の河童も描かれている。頭に皿のようなものを載せている点は共通している。（国立国会図書館蔵）

つくすという。

江戸時代中期には、現在の河童のイメージがだいたい形作られていたようだが、外見については地方によって相違がみられる。猿のように毛むくじゃらだったり、体の色は赤かったり青かったり、灰色とする地方もある。手足には水かきがあることが多く、指の数は三～五本が多い。甲羅もある場合とない場合がある。

合羽橋の由来となった河童伝説

文化《ぶんか》年間（1804～1818）、松葉町《まつばちょう》（現在の台東区松が谷）に合羽《かっぱ》屋喜八《きはち》という者がいた。当時、その地域は水はけが悪く、雨が降ると水害が起こる危険があったので、喜八は私財を投じて堀をつくることにした。なか

かっぱ橋道具街と曹源寺（台東区）

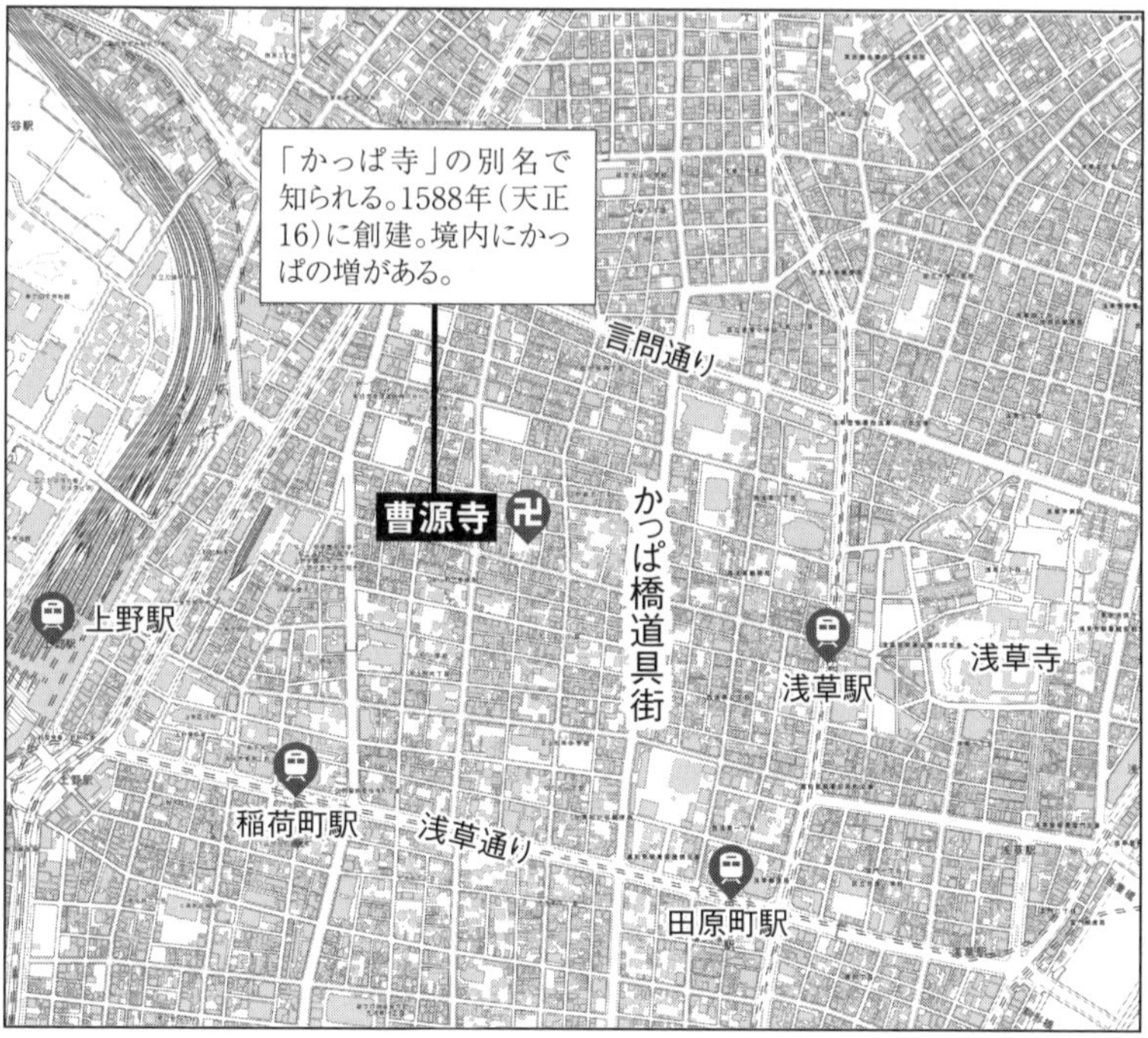
「かっぱ寺」の別名で知られる。1588年（天正16）に創建。境内にかっぱの増がある。
曹源寺
言問通り
かっぱ橋道具街
上野駅
浅草駅
浅草寺
稲荷町駅
浅草通り
田原町駅

なか工事ははかどらなかったが、あるとき河童があらわれて工事を手伝い、河童のおかげもあってついに掘割工事は完成したという。このとき喜八がつくった水路が「新堀川《しんほりがわ》」という伝承があるが、新堀川は一七世紀中頃につくられたので、伝説の類である。

現在、松葉町あたりは「合羽橋」と呼ばれ、料理飲食店関係の道具を扱う「かっぱ橋道具街」という商店街になっている。地名の由来として、江戸時代にこの地域に住む武士の副業が雨合羽づくりだったという説と、喜八の伝承を由来とする説のふたつがある。

この商店街から五分ほど歩いたと

ころに、曹源寺《そうげんじ》という寺がある。ここに、喜八の墓がある。喜八は掘割工事で私財を使い果たしてしまったため、付近の住民たちによって盛大に弔われたという。現在、曹源寺は喜八の墓があることから「かっぱ寺」と呼ばれて親しまれている。境内には河童の像が多く建てられているが、これは全国の河童好きによって寄贈されたものだという。

人を襲う恐ろしい河童の一面

現在はかわいらしい姿のキャラクターになるなど親しみやすいイメージだが、河童は本来、子どもや牛馬を水のなかに引き込んで殺してしまう恐ろしい妖怪である。さらに、河童は人間を川に引き込んではらわたを食らうという話さえある（『夭怪着到牒《ばけものちゃくとうちょう》』）。

実際、八王子に、人を引き込んで内臓をえぐって骨と皮ばかりにしてしまう恐ろしい河童の話が残されている。多摩郡上恩方村《かみおんがたむら》（東京都八王子市）の年寄だった尾崎次郎右衛門《おざきじろうえもん》の日記には、１８４１年（天保《てんぽう》12）の夏の暑い日に、繁蔵《しげぞう》という男が子どもと水遊びにいったところ溺れて亡くなったが、彼の死体の肛門は破れていてなんとも不気味だったという。河童は尻子玉を抜くとされていたため、繁蔵の死は河童のしわざとされたのだろう。

神の使いだが、人を化かす「狐」

神の使いとなった狐

狐は古くから動物霊として信仰の対象となり、田の神（稲荷神《いなりしん》）の使者とみなされるようになった。狐が神の使者とみなされるようになったのは奈良時代とされる。平城京遷都の翌年（711年［和銅《わどう》4］）、日本は全国的に天候不順にみまわれ、水害の危険性が叫ばれるようになった。農耕にとって水害と干ばつは天敵であり、神に祈ることにした。そこで神の使いに選ばれたのが狐だった。古代中国の世界観である「陰陽五行説《いんようごぎょうせつ》」では、狐が土と考えられていて、水害を防ぐためには土の力が必要ということで、狐が選ばれたのだという。また、田の神は春になると里に下りてきて、収穫が無事に済んだら山にもどっていくと信じられていた。狐も、秋から冬にかけては山から下りてきて、さらに穀物の天敵であるネズミを捕食した。そうしたこともあり、狐が、田の神が山から下りてくるときの先導役である神の使いとされた。

五穀豊穣《ごこくほうじょう》をつかさどる稲荷神は、関東地方でも多くの農村地帯で祀られ、やがて商売繁盛や家内安全を祈念する神となり、稲荷社の数はしだいに増えていった。どの稲荷も京都の伏見稲荷大社より分祀されたという縁起をもち、祠《ほこら》の裏側に狐塚をもうけた。狐塚の穴は、そのまま伏見稲荷の裏山に続いているとされた。

狐が神の使いという信仰は江戸にも伝わり、大流行した。奥浅草《おくあさくさ》（現在の荒川区南千住《みなみせんじゅ》付近）に真崎《まさき》稲荷という神社があった（現在は石浜《いしはま》神社の境内にある）。門前には田楽《でんがく》を売る茶屋が八軒も並び、天保《てんぽう》年間（１８３１～１８４５年）初期の「稲荷番付」では西の関脇に名を連ねるほど人気だった。真崎稲荷の奥の院に狐の好きな食べ物を備えて、神主が「お出《い》で、お出で」と手を打つと狐が出てくる。その狐が供え物を食べれば願いがかない、食べなかったときは願いはかなわないといわれた。そのため「おいで稲荷」と呼ばれたという。『古今雑談思出草紙《ここんぞうだんおもいでそうし》』（１８３９年［天保10］）という随筆には、真崎稲荷の後ろの神明社に狐が棲んでいて、

伏見稲荷大社（京都府伏見区）の狐の石像。狐は田の神の使いとされ信仰された。

近所の茶屋の老婆が呼ぶと出てくるので「おいで稲荷」と呼ばれるようになったと書かれている。また、この書には、元禄《げんろく》年間（1688～1704年）の話として、本所小梅《ほんじょこうめ》（現在の墨田区向島あたり）の稲荷社でも、近所の茶屋の老婆が呼んだときしか姿をあらわさない狐の話が掲載されている。

大晦日、不気味に光る狐火

豊島郡王子《おうじ》村（現在の東京都北区王子）には、昔から毎年大晦日に関東各地から狐が集まり、狐たちがともす狐火が夜の闇に浮かび上がったという。狐たちは一本の大きな榎の木の下で衣裳を整え、そのあとに王子稲荷神社に参詣したとされる。その木は「装束榎《しょうぞくえのき》」と呼ばれ、1929年（昭和4）まで現存していたが切り倒され、現在はその場所から北西六〇メートルくらいのところに「装束稲荷社」が設けられている。

王子は当初、岸《きし》村と呼ばれていたが、王子権現《ごんげん》社（王子稲荷社）が創建されたことから「王子村」と呼ばれるようになった。王子には王子稲荷のほかに桜の名所としてにぎわった飛鳥山があり、春は桜、夏は蛍、秋は紅葉、冬は雪見と、季節を問わず行楽の地としてにぎわった。王子が行楽地として有名になるにつれ、王子の狐の伝承も広く知られるようになり、浮世絵にも描かれ、「王子の狐」として落語の演題にもなるほどになった。

『新編武蔵風土記稿《しんぺんむさしふどきこう》』には「毎年十二月晦日の據此榎《よるこのえのき》に狐聚《あつま》りて衣裳を改むる」（毎年一二月三一日の夜、

王子稲荷神社（東京都北区岸町）。毎年大晦日になると全国から狐が集まり、王子稲荷に参詣すると伝えられた。

この榎に狐が集まって衣裳を改める）とあり、『江戸名所図会《ずえ》』には「毎歳《まいとし》十二月晦日の夜、諸方の狐おびただしくここに集まり来ること恒例にしていまに然《しか》り。その灯せる火影によりて土民明年《あくるとし》の豊凶を卜《うらなう》とぞ、このこと宵《よい》にあり、また暁《あかつき》にありて、時刻定まることなし」とある。

また、『東都歳時記《とうとさいじき》』には「大晦日　今夜王子稲荷のかたわら、装束榎の木へ狐多く集まる（中略）関八州の命婦ここに集まり、官位を定めるよしにて、狐火おびただし」と書かれている。

王子の狐の伝承は今も根付いており、毎年大晦日の夜、狐のお面をかぶったり化粧をしたりした人々が装束稲荷社から王子稲荷神社まで練り歩く行事が開催されている。

王子稲荷の狐伝説をテーマに描いた浮世絵。毎年大晦日に狐が集まり、大きな榎の木の下で衣裳を整えて、王子稲荷に参詣するといわれた。(『名所江戸百景　王子装束ゑの木大晦日の狐火』)

人に取り憑き、人を苦しめる妖狐

神の使いという顔をもつ狐だが、一方で人に取り憑いて災いをもたらす変化《へんげ》の類としても認識されている。人をだまし、驚かし、ときには人の心のなかに入り込んだりして人々を苦しめた。「狐憑《きつねつ》き」と呼ばれる怪異現象である。狐に憑かれると、わけのわからないことを喚き散らしたり狂乱し、なかには顔が狐のようになることもあったという。

1785年（天明《てんめい》5）、牛込《うしごめ》村（現在の新宿区牛込）に住んでいた一一歳の少年が急に狂乱した。家の者が祈祷を頼むと狐憑きであることがわかった。取り憑いていた狐は、「ある屋敷に長年住んでいたのだが、住人が代わったら新しい稲荷を勧請され、居場所がなくなった」といい、祠を建ててくれたら付近で火事が起こらないようにするともいったという。

寛政《かんせい》年間（1789～1801年）、篠崎《しのざき》村（現在の東京都江戸川区篠崎）で男が道で寝ていた白狐を驚かしたところ、突然雨が降ってきた。男は雨宿りのために知人の家に行くと、そこの主人の女房が亡くなったとかで、野辺送りの間の留守番を頼まれた。すると、その女房の幽霊があらわれ男の腕に食らいついた。狂乱した男は血だらけになりながら川の堤を上ったり下ったりしていたが、近所の人が水をかけると正気にもどった。実際には雨すら降っていなかったことを知った男は狐に化かされたことを悟り、小豆飯に油揚げをそえて狐に謝りにいったが、食らいつかれた腕の傷はその後もひどく痛んだという。

狐が人に取り憑いたり、人を化かしたりする話は全国的にあり、江戸時代の人々は狐に特別な力を感じていたのである。

狐に取り憑かれて殺された人々

ここで紹介した話は、正気を失ったり、けがをしたりといったていどだが、取り憑いた人間を殺してしまう凶悪な狐もいた。

江戸時代、渋谷笄橋《こうがいばし》（現在の渋谷区広尾）に佐倉藩堀田《ほった》家の下屋敷《しもやしき》があった。1838年（天保9）、前藩主付きの医者・三輪玄春《みわげんしゅん》がある夜突然、浮かれたように屋敷から出ていき、行方が知れなくなった。数日後、敷地内の人がめったに通らない場所で玄春の死体が見つかったが、その死体は骨と皮ばかりという状態だった。狐か狸に憑かれて精気を吸われたのだという。

宝暦年間（1751〜1764年）のことである。四ツ谷新宿に住んでいた剣術指南が籠に乗ったところ、袂に入れておいた狐のしっぽが籠からはみ出してしまった。それを見た籠屋は狐を乗せてしまったと驚き、一方の剣術指南はこれ幸いと狐のふりをして運賃を踏み倒した。すると剣術指南は翌日から狐に取り憑かれてしまい、狐はらいの祈祷を受けたがよくならず、やがて親族にも見放されて死んでしまったという。

狐奇談探訪

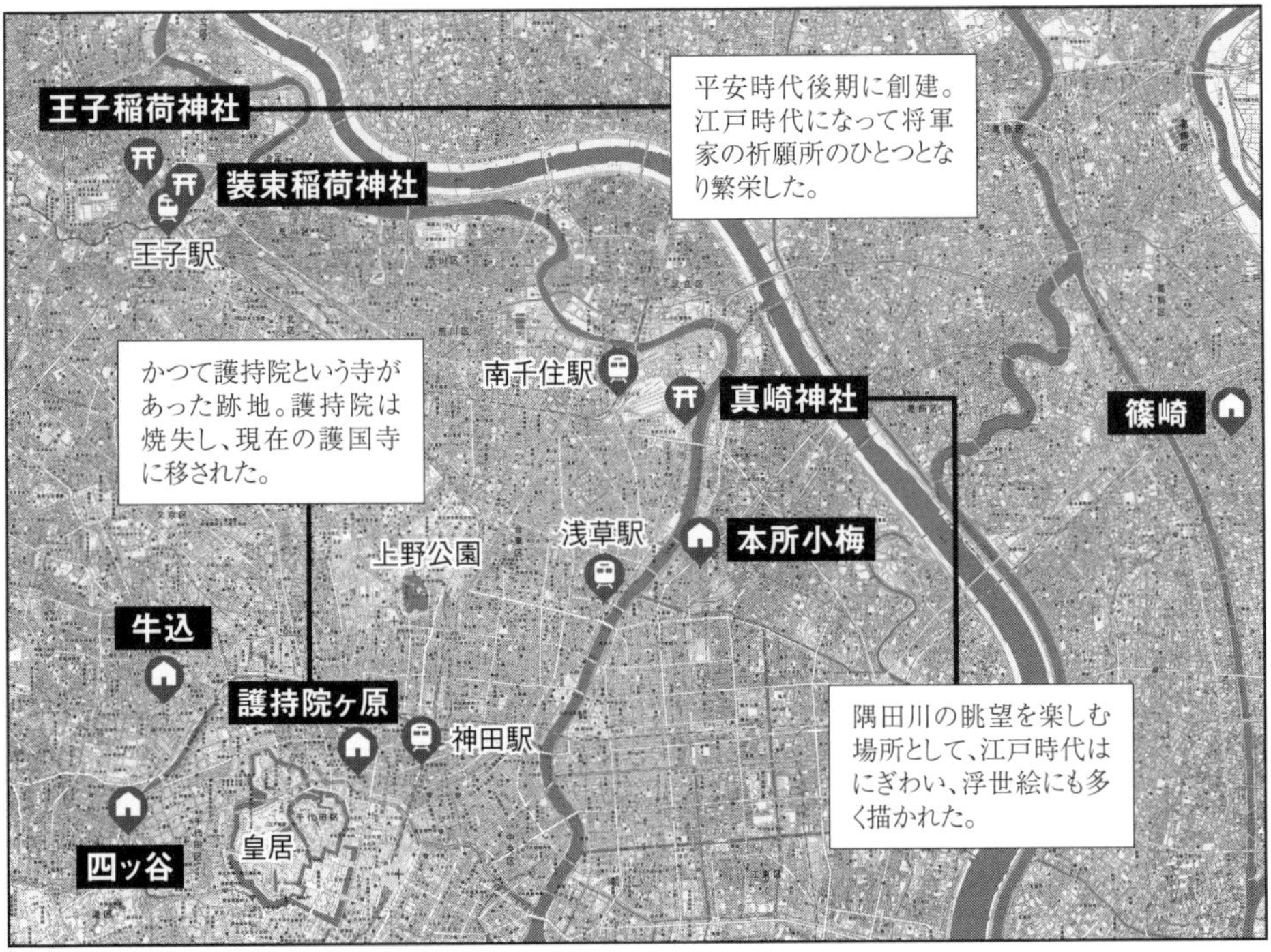
王子稲荷神社
平安時代後期に創建。江戸時代になって将軍家の祈願所のひとつとなり繁栄した。
装束稲荷神社
王子駅
南千住駅
真崎神社
篠崎
かつて護持院という寺があった跡地。護持院は焼失し、現在の護国寺に移された。
浅草駅
本所小梅
上野公園
牛込
護持院ヶ原
神田駅
隅田川の眺望を楽しむ場所として、江戸時代はにぎわい、浮世絵にも多く描かれた。
皇居
四ッ谷

続いては、神田護持院ヶ原（現在の千代田区神田錦町あたり）の話だ。

ある夜、大工がこのあたりを通ったとき、女の死体に取り憑いた狐が遊女に化けて言い寄ってきた。恐ろしくなった大工は逃げ帰ったが、そのときは何事も起こらなかった。やがて大工は結婚。独立も果たして大工として成功を収めた。ところが、あるとき、いつかの狐が女房に取り憑いた。大工が女房に離縁を切り出すと狐が正体をあらわし、大工は狐に責められた挙げ句に狂死したという。

人に化け、人を食らう「猫又」「化け猫」

年を取った猫が妖怪に変化する

日本では、年を取った猫は「猫又《ねこまた》」という妖怪になると考えられていた。猫又に変化した猫はしっぽが二つに分かれるといわれる。江戸時代中期の随筆『安斉随筆《あんさいずいひつ》』に、「老猫形大《とうびょうかたちだい》に成《な》り尾二岐《ふたまた》になりて妖怪をなす。是《こ》れを猫マタとも云《い》ふ」とある。

南北朝時代の頃に編纂された『徒然草《つれづれぐさ》』（兼好法師《けんこうほうし》）には「奥山に猫またといふものありて、人をくらふなる」と書かれている。また、「猫のへあがりてねこまたになりて」ともある。猫が年を取ると猫又になり、人間を食べるというのである。この伝承は江戸時代にもそのまま伝えられた。

猫が猫又に変化すると、人の言葉を話すともいわれていた。1795年（寛政《かんせい》7）、牛込山伏町《うしごめやまぶし》（現在の新宿区市谷山伏町）のある寺で、猫が一匹大切に飼われていた。ある日、一羽の鳩が庭に舞い降りると、この猫がその鳩をじっと狙っていたため、鳩を不憫に思った住職が「喝！」と声をかけて鳩を追い払ったところ、猫が「残念なり」としゃべった。驚いた住職が猫を取り押さえ、「猫のくせにしゃべるとは奇怪千万。化け猫となって人をたぶらかすつもりだな。素直に白状しないなら、お前を殺すぞ」と猫を問い詰めた。すると猫は、「十余年も生きればどんな猫でも人の言葉を話し、それより一四、五年も過ぎれば、どんな猫も神通力を得る」と答えたという。

また、『新著聞集《しんちょもんじゅう》』という書にも次のような話が残されている。元禄《げん》年間（1688〜1704年）の話だが、増上寺《ぞうじょうじ》脇にあった徳水院《とくすいいん》という寺で赤猫を飼っていた。あるとき、その猫がネズミを追いかけていたが、梁から落っこちてしまった。すると赤猫が「南無三宝《なむさんぼう》」と叫んだので、それを見ていた人々が「猫まただったのか！」と驚いたところ、猫はどこかへ行ってしまったという。

人間を食らう猫

1813年（文化《ぶんか》10）の話だが、湯島の円満寺《えんまんじ》の近くに煎餅屋があり、夜になるとその店に大きな猫

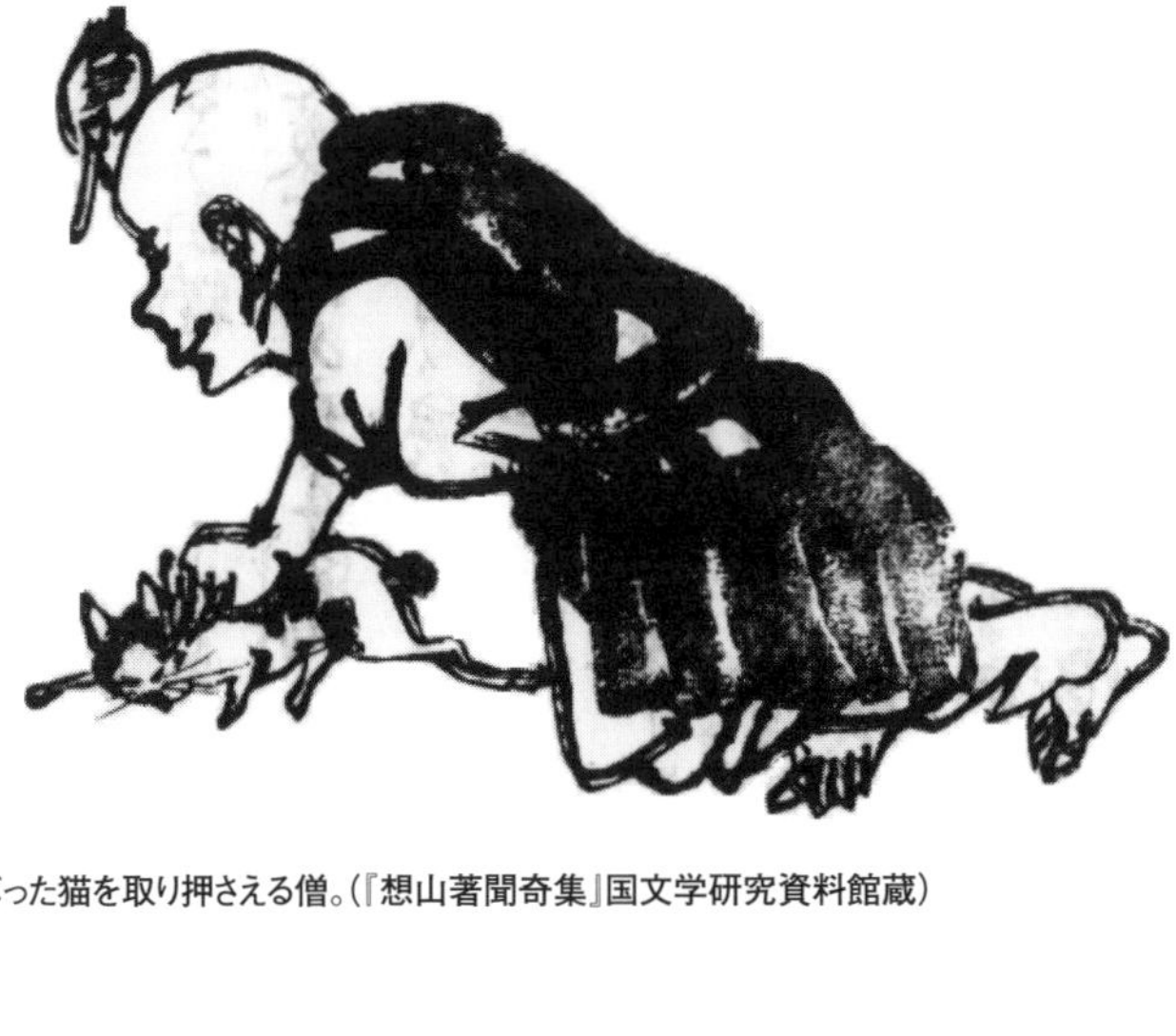

しゃべった猫を取り押さえる僧。（『想山著聞奇集』国文学研究資料館蔵）

がやってきては、食べ物を食べてしまった。怒った主人は猫を打ち殺し、妻に命じて桜の馬場（現在の文京区湯島一丁目あたり）のゴミ捨て場に猫の死体を捨てに行かせた。

ところが、妻が帰ってくると、「あっ」と叫んだかと思うと夫の顔をひっかき、猫の動作をまねた。驚いた夫は妻を取り押さえようとしたが果たせず、近所の人に助けを求めて、ようやく妻を縛り上げた。その後、妻は猫の鳴き声で叫び、物を食べるときも器のなかに顔を入れ、魚を好んで食べるようになったという。この話は『豊芥子日記《ほうかいしにっき》』という幕末の随筆集にある逸話だが、このあとこの夫婦がどうなったのかは書かれていない。殺された猫の怨霊が人間に取り憑いて苦しめたという話で、これは化け猫の類であろうか。

猫又が人を襲うというのは古くから言い伝えられていた。鎌倉時代の文献に、奈良に猫又があらわれ、ひと晩に七、八人が犠牲になったという記録もある。猫又に人間が殺されるという事件が、江戸時代の瓦版《かわらばん》で報告されているので、そのひとつを紹介する。

ある年の三月、根岸中村《ねぎしなかむら》（現在の東京都台東区根岸）で百姓をしていた元吉《もときち》という者の家に、黒まだらでしっぽが二つある猫が迷い込んできた。息子の元二郎《もとじろう》はことのほか猫が好きだったので飼うことにしたが、そのあとに元二郎が原因不明の病を患った。親たちは、猫が毎晩元二郎の上で寝ていたので、病気はこの猫のせいではないかと考え、猫を捨てたのだが、何度捨ててももどってきてしまう。

そこで、母親が元二郎に付き添って猫を捨てさせにいったが、元二郎と猫と途中ではぐれてしまい、村の若者たちが探し回ったが、それきり帰ってこなかった。

元二郎の死を伝える瓦版。しっぽが二つに分かれた巨大な猫又が元二郎を食いちぎっている。（早稲田大学演劇博物館蔵）

そして四月、谷中の天王寺《てんのうじ》の藪《やぶ》から犬が死人の腕をくわえてきたので、もしやと思って捜索すると、元二郎の破れた着物が見つかった。猫が元二郎を食いちぎったと知り、みな驚いたという。元二郎はおそらく追いはぎなどにあって殺されたのだろうが、江戸時代の人々は、しっぽが二つに分かれた猫には恐ろしい何かがあることを感じていたので、猫のしわざと考えられたのである。

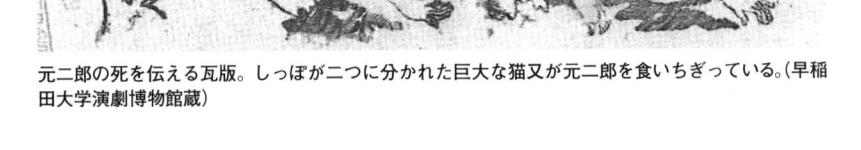

人間に化けた猫

猫又は人を食らうだけではなく、人に化けることもあった。

1799年（寛政《かんせい》11）、平岡隆太郎《ひらおかりゅうたろう》という家の中間《ちゅうげん》（武家に奉公する下級武士）の部屋に、どこからか年若い女がやってきては、そ

円満寺・湯島周辺探訪（台東区〜文京区）

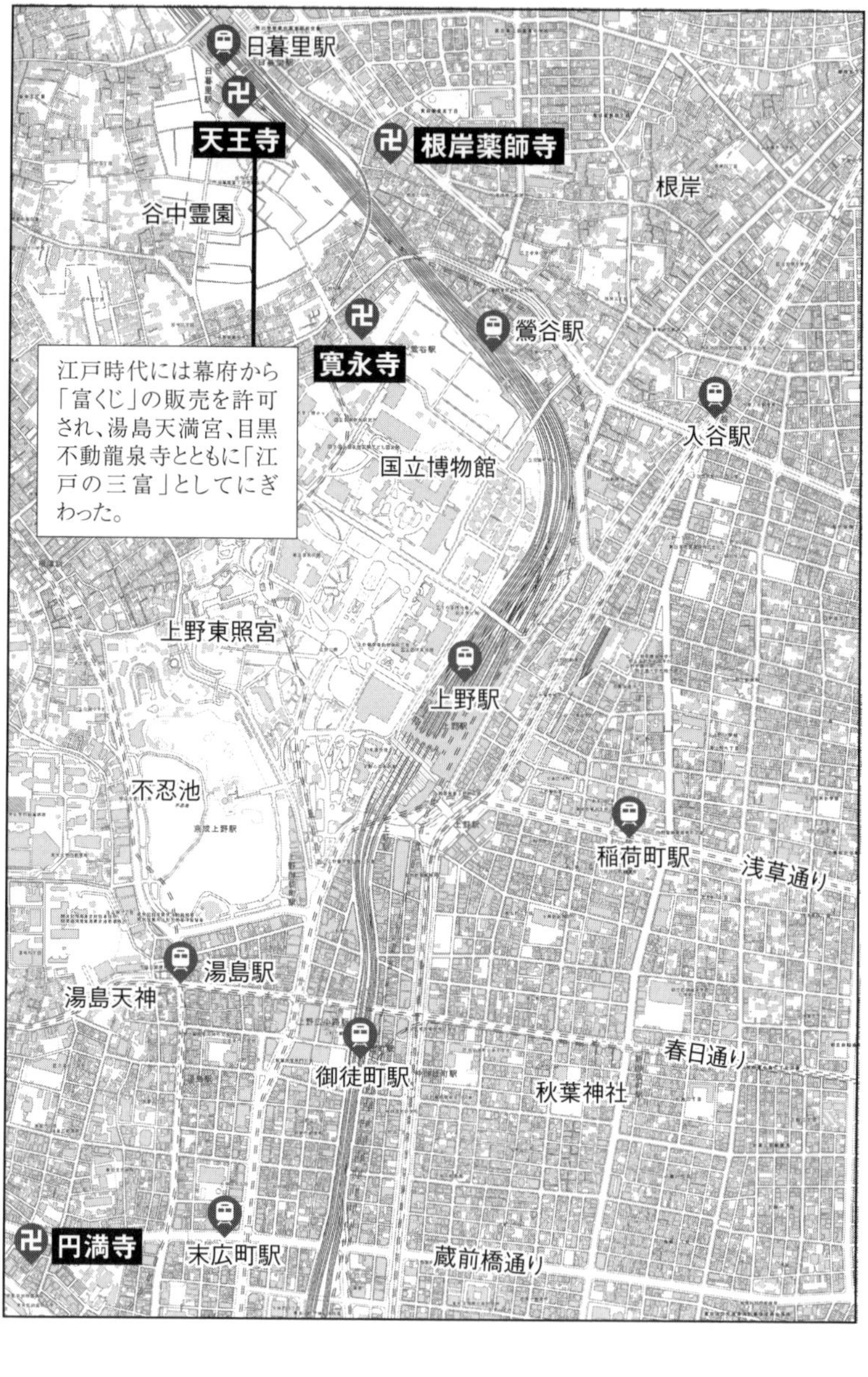
日暮里駅
天王寺
根岸薬師寺
根岸
谷中霊園
鶯谷駅
寛永寺
江戸時代には幕府から「富くじ」の販売を許可され、湯島天満宮、目黒不動龍泉寺とともに「江戸の三富」としてにぎわった。
入谷駅
国立博物館
上野東照宮
上野駅
不忍池
稲荷町駅
浅草通り
湯島駅
湯島天神
御徒町駅
春日通り
秋葉神社
円満寺
末広町駅
蔵前橋通り

三河国岡崎の化け猫を描いた浮世絵。左下に二本足で立つ猫はしっぽが二つに分かれており、妖怪「猫又」である。(『五十三駅　岡崎』)

の中間と仲睦まじくしていた。そのうち中間は病を得て寝込んでしまい、少々気がふれた様子も見せるようになった。中間が病気で寝込んだあとも、その女はしばしばやってきた。同僚の中間たちはその女を怪しみ、あるときその女を取り押さえようとしたが、女の身のこなしが素早く逃げられてしまった。それから数日後、病気で寝込んでいた中間は死んでしまった。平岡家の近所の屋敷に五〇年ほども生きているという老猫がいたが、あるとき眉間に傷を受けて帰ってきたという。老猫は中間が死ぬまでは、平岡家に遊びに来ては屋根の上で寝ていたりしていたが、中間が死んでからは来なくなったという。

このことから、死んだ中間の部屋に通っていた女は老猫が人の姿に化けて通っていたのだろうとうわさされた。

物が空中を浮遊する怪異
「池袋の女」

川柳にも読まれた池袋にまつわる怪異

男より　女にたたる池袋《いけぶくろ》
池袋　家鳴《やな》りをさせた　罰で化け

江戸時代、このような川柳が詠まれるほど、池袋と怪異現象には深いかかわりがあると認識されていた。具体的には、池袋出身の女性を雇うと、物が自由勝手に飛んだりする怪異現象が起こるという評判があったのである。

文化《ぶんか》・文政期《ぶんせいき》（1804〜1830年）の随筆『遊歴雑記《ゆうれきざっき》』に、次のような記事がある。

小日向上水端《こひなたじょうすいばた》（現在の文京区小日向）の御持筒組与力《おもちづつぐみよりき》・高須鍋五郎《たかすなべごろう》の家で、二三歳くらいの女性を下女として雇った。現在の福勝寺《ふくしょうじ》あたりは御持筒組の屋敷があったとされるので、高須家もそのあたりにあったと考えられる。その下女は池袋村（現在の東京都豊島区池袋）出身だったがあか抜けていて、仕事ぶりも立ち居振る舞いも申し分なかった。そのためか、あるとき鍋五郎のお手がついたのだが、それ以降、高須家で怪異現象が起こるようになった。

屋根や雨戸に石が打ちつけられ、両隣の家も被害にあい、夜が更けるといっそう激しくなって眠れない日が続いた。これはただ事ではないと高須家は修験者《しゅげんしゃ》に祈祷を頼んだが、その後、戸棚のなかの皿・椀・鉢などがひとりでに外へ飛び出してこなごなに壊れたり、釜の下にくべていた薪が二、三間飛び出て畳の上に散らばったりすることがたびたび起こり、修験者もあきらめて帰ってしまった。

その後も、飯を炊けば釜のふたが宙に浮き、汁を煮れば大きな土の塊が落ちてきて鍋を砕き、相変わらず昼夜を問わず石は降り、かまどにあつらえた銅鈷《どうこ》（鉄製の湯沸かし）や火鉢がひっくり返って、そのたびに高須家は大騒ぎになった。そんななか、近隣に住む養父の助言があり、池袋出身の下女に暇を出したところ、怪異現象はぴたりとやんだという。これは、池袋の産土神《うぶすながみ》の怒りにふれたためといわれた。産土神とは、その土地に生まれた人々を守護してくれる神様のことで、池袋の産土神としては子安稲荷《こやすいなり》神社が有名である。

麻布にもあらわれた「池袋の女」の怪

麻布にも、似たような話が残っている。

麻布の龍土町《りゅうどちょう》（現在の港区六本木）の延岡藩内藤家の下屋敷（現在の六本木交差点あたり一帯）で、

ある夜、おびただしい数の蛙があらわれ、女たちの寝ている蚊帳の上にあがってうずくまってしまった。すると、今度は家が激しく揺れはじめたため、騒ぎはますます大きくなって、上屋敷（現在の千代田区霞ヶ関、霞が関コモンゲートあたり）から武士がやってきて、他藩の武士とともにあたりを調べたものの、原因はわからなかった。これは狐か狸のしわざではないかということになり、屋敷中を狩り立てたがなにも見つからず、その夜は十畳ばかりの屋敷に十四、五人の武士が寝ずの番をすることになった。夜が更け、武士たちがうとうとし出すと、パラパラと石が落ちてきた。それが何度か続き、ひとりの武士が「これはどうしても狐狸のしわざに相違ない。ためしに空鉄砲を放してみよう」といって鉄砲を取りに立とうとすると、降ってきた石が眉間に当たって昏倒してしまった。ほかの武士が代わって立とうとすると、その者の横鬢《よこびん》のところに石が当たった。彼らが何事かを話していると、今度は畳の間から火が吹き出たという。

このような怪異が三カ月くらい続いたが、ある者が池袋の女の話を思い出し、女たちを調べたところ、池袋から来ている女中がおり、それが出入りの者と密通していたことがわかった。そこで、この女中を追い出したところ、怪異がやんだという。

この二つの話は、どちらも池袋の女が原因とされるが、池袋だけでなく、池尻の女や沼袋（産土神として沼袋氷川神社がある）や目黒（上目黒の産土神として上目黒氷川神社が有名）の女にも同様の現象が起こったという。享保《きょうほう》から延徳《えんとく》（1716～1748年）の頃の話である。大竹家という武家の屋敷で、あるとき天井に大きな石が落ちたかのような轟音が響いた。この一件を皮切りに、大竹家

「池袋の女」探訪（豊島区〜目黒区）

1708年（宝永5）、当地の領主だった斎藤氏が、池袋村の産土神として創建した。
子安稲荷神社
池袋駅
沼袋駅
沼袋氷川神社
福勝寺
江戸川橋駅
南北朝時代に創建される。戦国時代、太田道灌の陣所となり、境内には道灌が受けた杉の木（道灌杉）の跡が残されている。
皇居
霞が関コモンゲート
（内藤家上屋敷跡）
虎ノ門駅
六本木交差点
（内藤家下屋敷跡）
上目黒氷川神社
池尻大橋駅
池尻稲荷神社

では怪異現象が頻発した。行灯が宙に浮いたり、茶碗が長押《なげし》を飛び越えて飛んできたり、重い臼が垣根を越えて庭に落ちたりした。神主や山伏に祈祷してもらっても怪異はおさまらず、家の者たちが恐怖におののいていたところ、近所の老人がこんなことをいった。

「もしかして池袋か池尻あたりの女を雇っていないか？」

家の者が調べたところ池尻（現在の世田谷区池尻）出身の下女がおり、早速暇を出したところ、怪異現象はピタリとやんだ。その老人がいうには、池尻の産土神は氏子が村外に出ることを惜しみ、村外に出た女が男と交わったりすると、その男に奇怪な出来事が起こるということだった（『古今雑談《こんぞうだん》思出草紙《おもいでぞうし》』）。なお、池尻稲荷神社が池尻村の産土神として祀られている。

このように、池袋や池尻、沼袋などの土地の娘を雇うと夜中に石が飛んできたり、皿や小鉢が飛んで割れたり、不審火が起きたりといった怪異現象が起こり、その娘を里に帰すと、これらの怪異現象は起こらなくなる。これらの現象は「天狗《てんぐ》つぶて」や西洋の「ポルターガイスト」に共通する怪異であり、水に縁のある地名の神が土地の娘を惜しむという信仰が江戸にあったことがうかがえる。

女性の髪を切る妖怪「髪切」

人間の髪を切る妖怪

江戸後期に成立した『半日閑話《はんにちかんわ》』（大田南畝《おおたなんぽ》）という随筆に、「四五月の間髪切り流行、人々の髪自然と脱落す、是《これ》を髪切《かみきり》といふ」（1768年［明和《めいわ》5］四月、五月の間、髪切が流行した。人々の髪がふと抜け落ちた。これを髪切という）という記事がある。

また、同書には、1810年（文化《ぶんか》7）の話として、「下谷小島氏富五郎《したやこじまとみごろう》家の婢（少女なり）朝起て玄関の戸を開んとせしに、頻《しき》りに頭重く成様《なるよう》に覚《おぼえ》しが、忽然《こつぜん》として髪落《おち》たり、分々《ぶんぶん》の髪切れたるはねばりけあり息気有《しゅうきある》ものなれども、左《さ》にはあらずと云《いう》（去年小日向七軒《こひなたしちけん》屋敷間宮《まみや》氏の婢《ぬひ》切られしは宵《よい》よりしきりにねむけ有て切られしと云）」という記事もある。「下谷（現在の台東区西部）の小島家の下女が朝起きて玄関の戸を開けようとしたところ、しきりに頭が重くなり、突然髪の毛が落ちた。このように髪が切られた場合は粘り気があり、においがするものだが、そういうことはなかった」という話だ。しかも、前年にも小日向七軒屋敷でも髪切があらわれた事例があったとも書かれている。小日向七軒屋敷とは、現在の文京区小日向にあった七軒屋敷新道のあたりのことと考えられ、林泉寺《りんせんじ》があるあたりであろうか。

このように女性の髪の毛が突然切られるという現象が、江戸時代にはたびたび起こっている。そして、髪切に襲われたあとは頭部に粘り気があり、においがあるという。この怪異現象は、妖怪「髪切」が引き起こすものと信じられていた。

江戸の町を襲った髪切

元禄《げんろく》年間（1688～1704年）の初めのことである。夜中に往来の人の髪が男女を問わず元結《もとゆい》から切られる事案が相次いだ。たとえば、紺屋町《こんやちょう》（現在の千代田区神田紺屋町）の金物屋の下女が夜に買い物に出かけたときに髪を切られたことに気づかずに帰ってきたが、それを人に指摘されたとたん驚いて気を失ったという。（『諸国里人談《しょこくりじんだん》』）。

幕末近い江戸でも髪切はあらわれた。1844年（弘化《こうか》1）、本所緑町《ほんじょみどりちょう》（現在の墨田区緑あたり）の五人組のひとりだった善兵衛《ぜんべえ》の下女のはなが厠に行ったところ、厠の中でめまいを起こした。外に出てみると、髪の毛が鬢際の根元から切られていた。善兵衛とはなは、切られた髪の毛をもって役所に訴え出たという（『天弘録《てんこうろく》』）。

また、1868年（慶応《けいおう》4）にも髪切の被害が報告されている。番町《ばんちょう》（現在の千代田区一番町あた

1868年（慶応4）に起こった髪切の事件を歌川芳藤が描いたもの。真っ黒なビロードのような化物が女中を襲っている。

り）のある屋敷で、女中が夜中に厠に行った。すると、何者ともわからない真っ黒な生物に襲われ、女中は昏倒して倒れてしまった。家の者が駆けつけてみると、女中の髪は髻ごと切られており、そこにはビロードのように真っ黒な化物がいたという。

髪切の正体を探れ！

『嬉遊笑覧《きゆうしょうらん》』（1830年［文政《ぶんせい》13］発刊）という江戸時代後期の本には、女性の髪を切るのは「髪切り虫」のしわざであると書かれている。

「寛永《かんえい》十四年（1637年）の頃かとよ髪切虫といへる妖蘖《ようはく》ありといひふらし、誰こそ一定きられたりといへる人

『百怪図巻』(1737年[元文2])に描かれた髪切。前ページの絵とはまったく違い、手がはさみのようになっているのが特徴的である。これで髪を切るらしい。

はあらねど、かしこ後達ここの腰もと下女迄もおそれあへり云々」(1637年［寛永《かんえい》14］の頃、髪切虫といわれる災いがあるといい、どこの誰が切られたというはっきりした事実はないのだが、女たちは腰元から下女までみな恐れあった)

これは先に紹介した元禄年間の事件よりも前の出来事であり、江戸時代初期は「髪切」ではなく「髪切虫」が引き起こす怪異現象だと認識されていたようだ。

さらに、髪切虫の災いから逃れるためには、「異国より悪魔の風の　吹きくるにそこ吹き戻せ伊勢の神風」という歌を門口に貼ったり、簪《かんざし》に巻き付けたりすると書かれている。しかし、このまじないは一般には広まらなかったようで、髪切に言及している江戸時代後期などの本には、このようなことは書かれていない。

一方、江戸時代後期に成立した『耳嚢《みみぶくろ》』という書

妖怪「髪切」探訪（文京区〜千代田区）

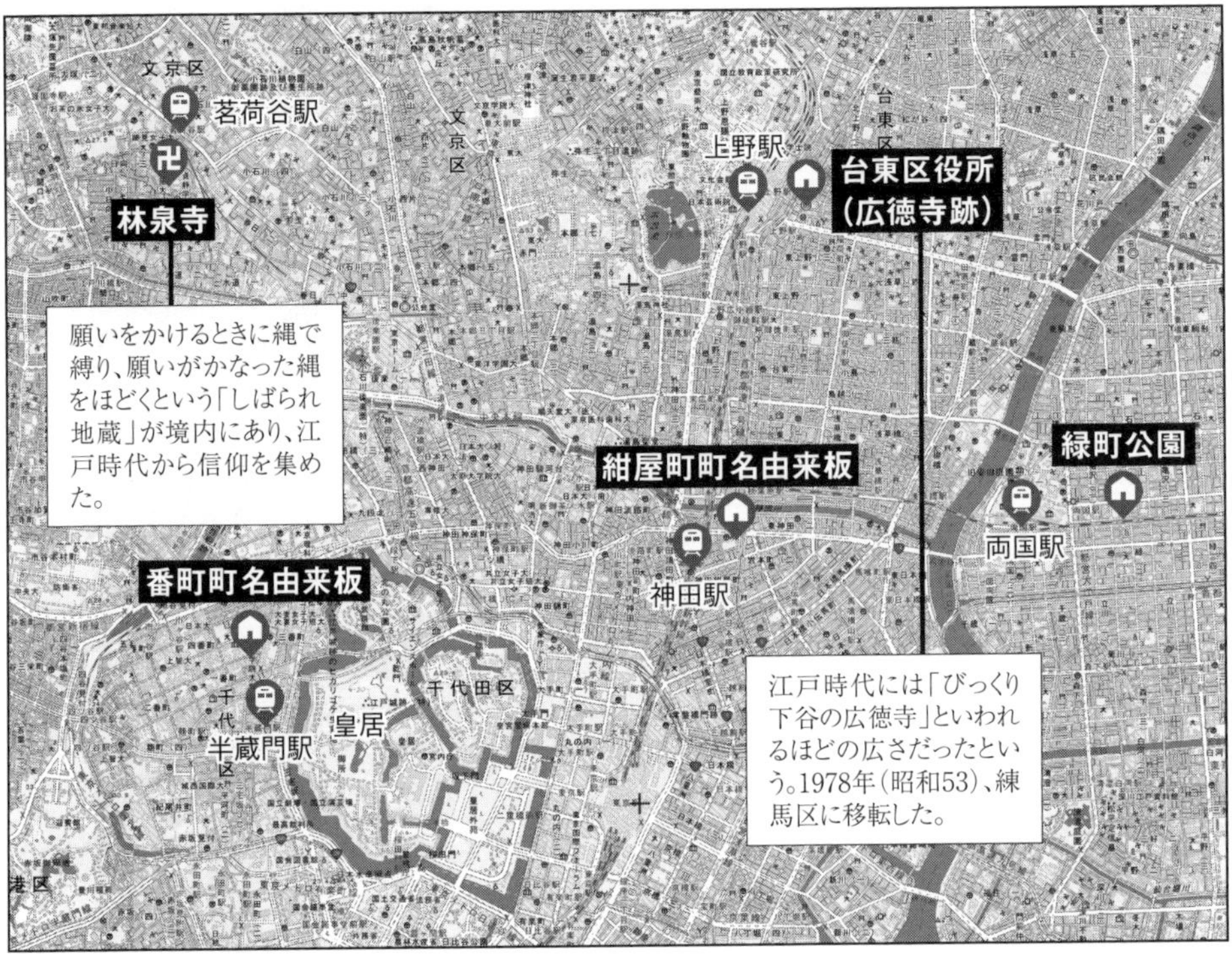
文京区
茗荷谷駅
林泉寺
願いをかけるときに縄で縛り、願いがかなった縄をほどくという「しばられ地蔵」が境内にあり、江戸時代から信仰を集めた。
上野駅
台東区役所（広徳寺跡）
江戸時代には「びっくり下谷の広徳寺」といわれるほどの広さだったという。1978年（昭和53）、練馬区に移転した。
紺屋町町名由来板
神田駅
緑町公園
両国駅
番町町名由来板
半蔵門駅
千代田区
皇居
港区

には、髪切の正体として、「中にも男を約して父母一類の片付なんといふをいなみて、右怪談にたくして髻《もとどり》などを切も多し」とある。

つまり、「なかには両親や一族の者が嫁に行かせて片付けようとするのをいやがって、こうした怪談に仮託して自分で髻を切る者も多かった」というわけである。

とはいえ、そうした嘘がまかりとおるほど、江戸時代には髪切という妖怪は恐れられ、信じられていたということではないだろうか。

出会った人に殺される恐怖「通り悪魔」「縊れ鬼」

人の心を乱し、災いをもたらす妖怪

人が心を乱され、暴力的になったり騒ぎを起こしたりするという事件は、現在でも起こることである。江戸時代にも、人間がふと狂気して人を殺し、あるいは自害をするという事件が起こった。かいもく原因がわからないので、人々はこれを不正の邪気をもった「通《とお》り悪魔《あくま》」（「通り魔」ともいう）という妖怪のしわざだと考えた。

『世事百談《せじひゃくだん》』（江戸時代後期）に次のような話がある。

川井《かわい》という武士が家で庭をながめていると、庭に置いてあった手水鉢《ちょうずばち》の近くに茂る葉蘭《ようらん》から火が出て、炎が三尺（約一メートル）ほども燃え上がった。すると、白い襦袢《じゅばん》を着て髪を振り乱した男が塀を飛び越えてきて、尋常ならざる目つきで槍を振り回しはじめた。川井は心を落ち着けて目を閉じ、しばらくして目を開けると男も炎も消えていた。

川井がほっとしてお茶を飲んでいると、隣の家でなにやら騒ぎが起きている。何事かと尋ねると、

『世事百談』に掲載されている挿絵。右側の白い男が「通り悪魔」。左側の男が川井で、座敷で冷静に腕を組み、心を落ち着かせている。

その家の主人が乱心して、あらぬことを叫びながら刀を振り回しているという。川井は、さっきの白襦袢の男が隣家へ行って、自分の代わりに隣家の主人を邪気で犯したのだと話した。

この白襦袢の男が、いわゆる「通り悪魔」という妖怪である。これと同じような話が『古今雑談思出草紙《ここんぞうだんおもいでそうし》』にも掲載されており、当時の江戸では評判になった話らしい。なお、『古今雑談思出草紙』では、にらみつけて通り悪魔を追い払ったことになっている。

『世事百談』には、もうひとつ通り悪魔の話がある。

四ッ谷（現在の新宿区四谷）で火事があったとき、そのあたりに住んでいた家の妻が、ひとりで縁先でたばこを吸っていた。すると、腰の曲がった白髪の老人が杖をつき、ただならぬ様子で笑いながら、その妻のほうにやってきた。妻は両眼を閉じて普門品《ふもんぼん》（法華経のなかの一節）を唱えて心を静めた。しばらくして目を開けると老人はいなくなっていたが、近所の医師の妻が急に狂気したという。

この話も『古今雑談思出草紙』に載っており、それによると1716年（享保《きょうほう》1）の事件だったと書かれている。

皆の顔が鬼のように見える妖怪

『蕉斎筆記《しょうさいひっき》』（江戸時代後期）には、姿をあらわさない通り悪魔が登場する。

ある旗本が帰宅すると、家中の人間の顔が鬼の顔になっていた。旗本がいざというときのために刀を握りしめ、着替えもせずにじっと座っていると、「火事が起こりました」と鬼の顔をした家来が告げた。座敷の障子にも火が移り、家中が大騒ぎになったが、それでも旗本は座ったままじっとしていた。すると、いつともなく火が消え、家の者の顔も普通の顔にもどった。しばらくすると、隣の旗本屋敷から女性の泣き声が聞こえたかと思うと大騒ぎになり、駆けつけてみると、その家の主人が乱心して刀を抜き、家来はおろか妻や子どもまでを斬りつけていた。

『蕉斎筆記』の著者である平賀蕉斎《ひらがしょうさい》は、これを「主人だけに皆の顔が鬼のように見える妖怪」と記しているが、これも通り悪魔の一種であろう。

『夜窓鬼談』（1889年[明治22]）に掲載されている「縊れ鬼（くびれおに）」の挿絵。

現代でも普段は誠実な人が判断を誤ったり、ふと悪事に手を染めてしまったりすることを「魔が差す」と表現するが、今も昔も悪魔が心に入り込んで人を誤らせることがあると信じられているのである。

首を吊りたくなる強迫観念

江戸時代後期成立の『反古のうらがき』という書に、次のような怪異譚が紹介されている。

四ッ谷左門町に住む同心（武家に仕える下級武士）がある会合に呼ばれたが、あらわれるやいなや「喰違《くいちがい》門《もん》で首をくくる約束をしたので帰らなければならない」という。同心の気がふれたと思った座の人々は、同心に酒を飲ませてなんとか引き留めていた。すると屋敷の家来が、喰違門で首をくくった者がいると報告にやってきた。

同心は正気にもどり、わけを聞くと、「夕方頃、こちらに伺う途中、喰違門の前まできたところ、ある人があらわれて、ここで首をくくるべしと命令します。なんだか断ることができず、約束があるので断りを入れてから首をくくりますといったところ、その人は屋敷までついてきます。早く断りを入れてこいといわれ、その言葉に背くわけにはいかない気持ちになりました」と話した。

これは「縊《くび》れ鬼《おに》」という妖怪のしわざである。妖怪研究家としても知られる漫画家・水木しげるは、縊れ鬼を水死者の霊と解説している。なお、喰違門とは江戸城外の門のひとつで、明治維新に尽力した公卿の岩倉具視《いわくらともみ》が1874年（明治7）、喰違門に差し掛かったところで暴漢に襲われるという事件が起こっている。

通り悪魔も縊れ鬼も、人の心を乱させ、標的を定めたあとにその標的に逃げられると近くの者に狙いを変えるという点では一致しており、このように人を死に誘う存在が、ふとした折にささやきかけてくると、江戸の人たちは感じていたのかもしれない。それは現代のわたしたちにも他人事ではないだろう。

あらゆる道具に霊が宿る「変化」

人の心を乱し、災いをもたらす妖怪

大正期に妖怪を研究した風俗史学者の江馬務《えまつとむ》は、もともと超自然的な存在である「妖怪」でなく、動植物や器物が化けた存在を別にして「変化《へんげ》」として整理した。なかでも、器物が一〇〇年の時を経ると、魂を宿すといわれていた。平安時代には、これを「付喪神《つくもがみ》」といった。

古来、日本人は器物だけでなく、この世にあるすべてのものに神が宿ると考えた。八百万《やおよろず》の神と呼ばれるもので、山の神や風の神などがその一例だ。器物の場合、たとえば古い箒に神が宿った「箒神」、捨てずに放っておいた履き物が変化した「化け草履」、鏡が変化した「雲外鏡《うんがいきょう》」などがいる。しかし、江戸時代には「付喪神」という概念は忘れられ、単純に道具の変化としか見られなくなった。

『好古小録《こうこしょうろく》』（1794年［寛政《かんせい》6］発刊）によると、変化は「人をたぶらかす」とも書かれており、〝神〟というよりは妖怪に近い存在として恐れられていた。江戸深川の三十三間堂の近くに長年誰も住んでいない空き家があった。ある人がその家に住みはじめたが間もなく病気になり、物置を調べた

『百鬼夜行絵巻』に描かれた、履き物の変化と思われる絵(向かっていちばん左)。藁で表現されており、藁草履の変化のようである。(国立国会図書館蔵)

ら古い枕が出てきた。この枕が原因と思い燃やしたら、死体を焼くような嫌なにおいがしたが、すぐに病気が治ったという(『牛馬問《ぎゅうばもん》』1755年[宝暦5]発刊)。枕が時を経て変化になったのだろう。江戸時代には、「くくり枕」「木枕」「箱枕」などが日常的に使われていたが、この話に出てくる枕はくくり枕か木枕であろうと考えられる。くくり枕とは、円筒形の布に茶殻や蕎麦殻、もみ殻、小豆などを入れて両端を縛った枕だ。木枕は高さのある木製の枕で、江戸時代に発達した髪型を崩さないために開発された枕である。

宝暦《ほうれき》年間(1751〜1764年)にオデデコという操り人形の見世物が流行したことがあった。オデデコとは「御出木偶」とも書き、人形をざるに伏せて、お囃子に合わせてざるを開けるたびに身振り・仕草がさまざまにかわる見世物で、その替わり身が早くて面白いと評判になった。両国吉川町《よしかわ》(両国広小路は見世物小屋などでにぎわった)の弥六《やろく》という見世物師もオデデコを使って商売をしていたが、流行が廃れ、オデデコ人形は弥六の楽屋裏に粗末に放っておかれた。あるとき、弥六が病に伏せた。目つきや言葉もただならぬものがあり、その様子が普通と違う。やがて、オデデコ人形が弥六に取り憑いたことがわかった。これは『奇異珍事録』に掲載されている話で、結果的に「色々して快事を得たり」とある。どうやって回復したのか具体的には書かれていないのが残念だが、「時めく時は持《もて》はやし、廃《すた》る時には捨《すて》る、人情浅間敷《あさましき》」と締めくくられている。人形に霊魂が宿り、それが持ち主を祟ったという点で、これも変化の一種といえるだろう。

このように、古くなった道具や器物に霊が宿ると信じられていたため、古道具を好まない者もいた。たとえば、伊勢神宮は内宮、外宮、別宮などすべての社殿を原則二〇年ごとに建て替えることになっているが、これも物に霊が宿ることを防ぐ目的があるのかもしれない。

霊験あらたかな変化

災厄をもたらさない変化の例も見てみよう。江戸時代後期に成立した『関秘録《かんぴろく》』に収録されている話である。あるとき愛宕下《あたごした》（現在の港区新橋あたり）で火事が起こり、炎が天徳寺《てんとくじ》という寺に類焼しそうになった。すると、兜巾《ときん》（山伏がかぶる帽子）をかぶった鬼瓦から水が出て火を消したという。これは、鬼瓦の変化のしわざであろう。

また、こんな話もある。ある男が光源寺《こうげんじ》（文京区向丘）という寺の境内にある稲荷に参詣したところ珍しい面を見かけた。気にしながらも帰宅すると、妻が、稲荷で工事が行われるので粗末にされないように面を持ち帰ってほしいという夢を見たという。男が光源寺に行ってみると、確かに稲荷を工事していた。男は面を持ち帰り家の守護神として祀ったところ、男の家は栄えたという（『古今雑談思出草《ここんぞうだんおもいでぞう》紙《し》』）。

これなども霊験あらたかな変化の例であろう。物を大切にすることに対する教訓が含まれているのかもしれない。

変化探訪（文京区～港区）

光源寺
本駒込駅
高さ約8メートルの木造の観音像が安置され、江戸時代はにぎわった。太平洋戦争で被災、焼失したが、1993年（平成5）に再建された。
根津神社
文京区
上野公園
上野駅
徳川家康の命令によって創建された。幕末維新期には、桜門外の変のときに水戸藩士の集合場所になり、江戸無血開城の際には西郷隆盛と勝海舟の会見場所となった。
両国駅
両国広小路跡
千代田区
皇居
高砂新道跡
三越前駅
中央区
深川三十三間堂跡
門前仲町駅
愛宕神社
神谷町駅
新橋駅
天徳寺

江戸の人々を恐怖に陥れた「その他の妖怪」

浅草寺にあらわれた「牛鬼」

浅草の仲見世を通り過ぎて言問橋《ことといばし》を渡った先に、牛嶋神社が鎮座している。1923年（昭和7）に現在地に遷座されたもので、その前は、桜もちで有名な長命寺《ちょうめいじ》の近くにあった。現在でいえば隅田公園の北側で、ここには明治時代初期に牛嶋神社の境内に建てられた常夜燈《じょうやとう》が今でも残されている。牛嶋神社は明治時代に改称された名前で、江戸時代は「牛御前《うしごぜん》」と呼ばれていた。かつて周辺を「牛嶋」と呼んでいたことから「牛」の字が使われたとされる（牛頭天王《ごずてんのう》という神が由来とする説もある）。この神社には牛にまつわる怪異な逸話が伝わる。鎌倉時代、牛鬼《ぎゅうき》という妖怪があらわれたという。

牛鬼とは、残忍・獰猛な性格で、毒を吐き、田畑を荒らし、人を食い殺す恐ろしい妖怪として江戸時代には知られていた。1251年（建長《けんちょう》3）、牛に似た怪物が突如あらわれ、浅草寺《せんそうじ》に走り込み、二四人の僧侶がその毒気にあたって昏倒し、七人の僧侶が即死した（『吾妻鏡《あづまかがみ》』）。また、『新編武蔵風《しんぺんむさしふ》土記稿《どきこう》』には、建長年間（1249〜1256年）に浅草川（隅田川）から牛鬼のような異形の怪物

牛鬼伝説が残る牛嶋神社（墨田区向島）。自分の体の悪い部分を撫でてから、境内にある「撫で牛」の同じところを撫でると病気が治るといわれている。

が飛び出し、牛御前に乱入してそのまま姿を消した。そのとき、社壇に玉を一個落としていき、牛御前はそれを牛玉として社宝にしたという。

牛嶋神社には、牛にちなんで「撫《な》で牛《うし》」という像がある。現存するのは1825年（文政《ぶんせい》8）に奉納されたもので、それ以前は牛型の自然石が置かれていたといい、牛に対する信仰が厚かったことがうかがえる。

『嬉遊笑覧《きゆうしょうらん》』には、浅草駒形の門前より女の牛鬼があらわれ走り去ったという記事が見える。牛御前や浅草寺にも近い場所であり、浅草には牛鬼を思わせるものがあったのだろう。

江戸城清水門外の堀を「牛ヶ淵《うしがふち》」というが、牛を連れてこのあたりを通ると、牛が自ら淵のなかに入ってしまうといわれ、また水牛のような生き物がしばしばあらわれるとも言い伝えられた。これも牛鬼のような怪物かもしれない。

火の玉のなかからあらわれた老婆と対峙する男。刀で老婆を斬ったところ、老婆も火の玉も消えてしまったという。(『模文画今怪談』)

牛鬼の伝承は西日本にも多く残っており、愛媛県の宇和島では、鬼のような形相で体が牛という牛鬼の練物をかつぐ祭りが行われている。同様の祭りは愛媛県南部から高知県にかけて約一五〇カ所で行われているといい、四国地方では牛鬼を守り神的な存在ととらえていたのかもしれない。

江戸にもあらわれた妖怪「姥ヶ火」

ある男が、本所隠亡堀《ほんじょおんぼうぼり》（現在の江東区扇橋あたり）に住んでいた禅僧のところへ行ったが、話し込んで帰りが遅くなってしまった。男が帰り道の田んぼ道を通りすぎようとすると、松の大木の枝先から渦のような光るものが落ちてきた。男が怪しんで近寄ってみると、それは火の玉で、火の玉のなかから七〇歳くらいの老婆がはい出してきて近づいてきた。男は刀で老婆を斬ったが、老婆も火の玉も消えてしまった（『模文《もも》画今怪談《がいまかいだん》』1788年［天明《てんめい》8］発刊）。

これは河内国（現在の大阪府）や丹波国（現在の京都府北部）にあらわれた姥ヶ火《うばがび》に似た妖怪であると考えられる。寛保《かんぽう》年間（1751〜1744年）に発刊された『諸国里人談《しょこくりじんだん》』という書によると、河内国の一宮《いちのみや》である平岡社《ひらおか》（枚岡神社《ひらおか》）の油を盗んでいた老婆が、その死後に祟られて姥ヶ火になったと伝えている。

『夜窓鬼談』に描かれたろくろ首の挿絵。江戸時代以降、首が伸びる妖怪として広まった。

首が伸びる女の怪「ろくろ首」

宝暦年間《ほうれき》（1751〜1764年）のこと、江戸本石町《ほんごくちょう》（現在の中央区日本橋本石町、時の鐘が置かれていた）の裕福な家に美しい娘がいた。道を行けば人々の目を引き、少年たちが競ってその姿を見に行くほどだったといい、やがて大きな商家の息子に見初められて、入り婿にすることになった。婚礼の夜、ふたりで寝床に入ると、娘が先に寝入ってしまった。新郎がその姿を見ていると、首が二、三寸（約六～九センチメートル）ほど伸びたかと思うと、やがて六寸（約一八センチメートル）にまで伸びて屏風の上まで達したという（『夜窓鬼談《やそうきだん》』）。

これは「ろくろ首」という妖怪で、十返舎一九《じっぺんしゃいっく》は『怪物輿論《かいぶつよろん》』という書のなかで、ろくろ首は寝ている間に首が飛び、虫を食べたり人を襲ったりすると書いており、人に危害を加える一面があった妖怪であることがわかる。

首ではなく、腕が伸びる化物もいた。六番町（現在の千代田区六番町）の城孫三郎《じょうまごさぶろう》という旗本の屋敷で十五夜用の団子をつくっていたところ、見ず知らずの老婆が入り込んで家の者と一緒に団子をつくっていた。約一カ月後の十三夜にも、いつのまにかその老婆が座って団子をつくっている。「誰に頼まれてここにいるのか」と奉公人が問い詰めたが、老婆は何食わぬ顔で団子をつくり続けたので、奉公人がむりやり屋敷の外にひっぱりだした。しかし、屋敷にもどってみると、そこに同じ老婆がいる。今度は複数人で追い出したが、やはり老婆は同じ場所で団子をつくっていた。奉公人たちは強引に老婆の腕を引っ張って外に出そうとしたところ、老婆の腕が飴のように伸びて、なんと一五間（約二七メートル）もの長さになった。驚いた城家では団子づくりを中止したが、すると老婆はいなくなった。しかし、日を置いて団子づくりをはじめると、再び老婆があらわれた。とくに危害を加えるということもなかったが恐ろしいので祈祷を頼んだが効果はなく、城家ではついに団子をつくることをやめてしまったという。

久留米藩有馬家の「三つ目入道」騒動

江戸時代後期、小野川喜三郎《おのがわきさぶろう》という力士がいた。1789年（寛政1《かんせい》）に横綱に推挙され、ライバルである横綱・谷風《たにかぜ》とともに寛政時代の相撲を盛り上げた力士だった。

当時の力士は諸藩に召し抱えられることが多く、小野川は久留米《くるめ》藩有馬《ありま》家に属していた。あるとき、有馬家の屋敷に、毎晩のように妖怪があらわれるという怪異が起こった。腕に自信のある小野川は妖怪退治を請け負い、屋敷で妖怪が出てくるのを待っていた。夜になると突然、首の長い三つ目の大入道《おおにゅうどう》があらわれた。大入道はからからと笑うだけで、小野川はなんなく取り押さえ、よく見ると年を経た古狸の化物だったという。

有馬家といえば、猫騒動で有名な家である。久留米藩八代藩主・有馬頼貴《よりたか》の時代、岩波《いわなみ》という奥女中にいじめられたお滝《たき》の方という女中が自殺した。お滝の方付きの女中・お仲《なか》は、お滝の方の敵討ちを決意し岩波に襲いかかったが、返り討ちにあいそうになった。そのとき、お滝の方にかわいがられていた猫が怪物となってあらわれ、岩波を食い殺した。その後、その猫は有馬家で多くの人を殺す怪猫となったが、藩士の山村典膳《やまむらてんぜん》と小野川に退治されたという。猫の祟りを恐れた有馬家はその後、上

有馬家の屋敷にあらわれた三つ目入道と対峙する小野川。小野川はたばこを吸い、煙を妖怪に吹きつけるなど悠然としている。(『和漢百物語』国立国会図書館蔵)

江戸「妖怪」探訪（台東区〜港区）

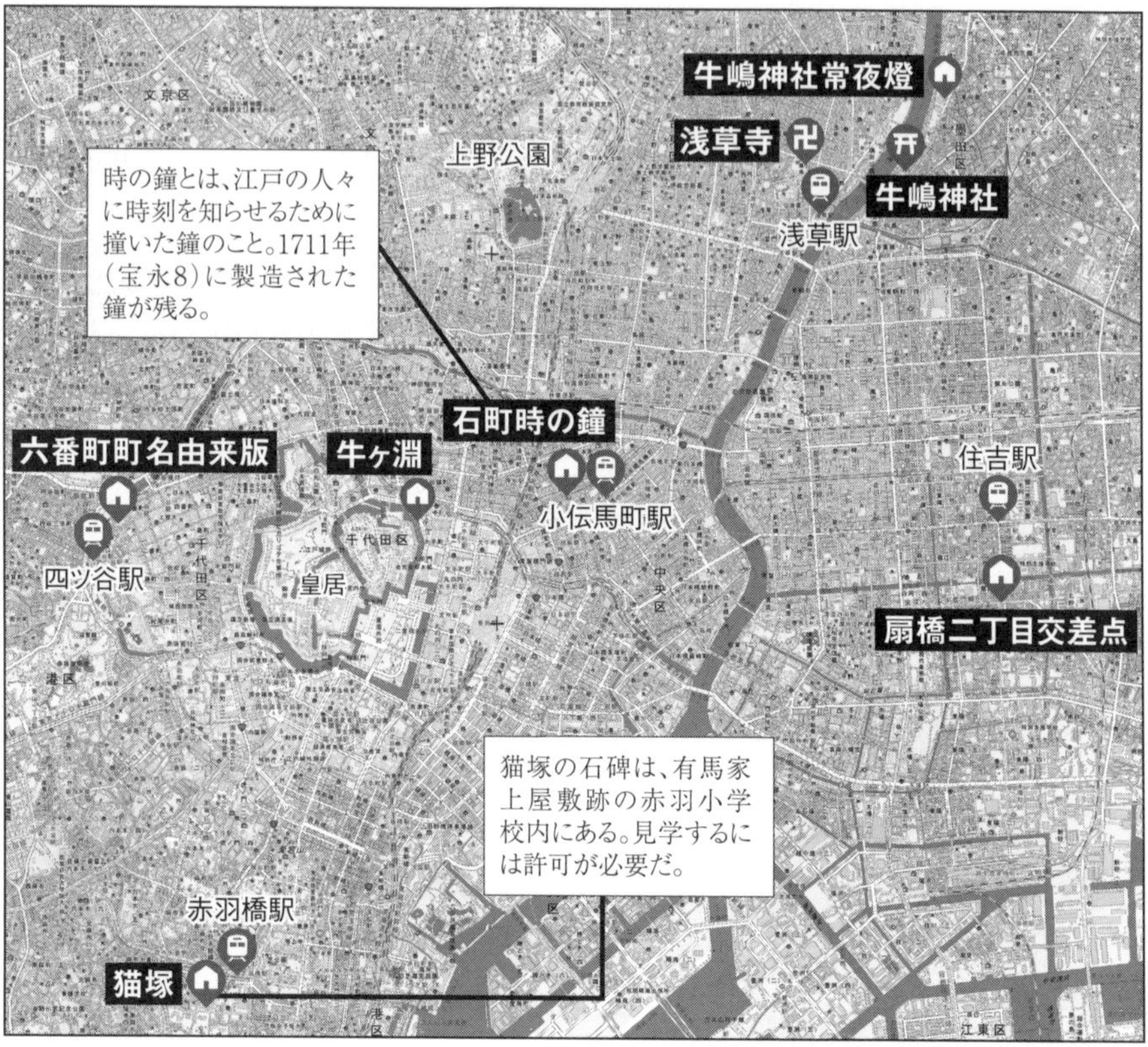
牛嶋神社常夜燈
浅草寺
牛嶋神社
浅草駅
上野公園
時の鐘とは、江戸の人々に時刻を知らせるために撞いた鐘のこと。1711年（宝永8）に製造された鐘が残る。
石町時の鐘
六番町町名由来版
牛ヶ淵
小伝馬町駅
住吉駅
四ツ谷駅
皇居
扇橋二丁目交差点
猫塚の石碑は、有馬家上屋敷跡の赤羽小学校内にある。見学するには許可が必要だ。
赤羽橋駅
猫塚

屋敷に猫塚を立てて弔った。この猫塚は、有馬家の上屋敷跡に現在も残されている。

有馬家にはそのほかに怪異があったようで、大田南畝《おおたなんぽ》は『半日閑話《はんにちかんわ》』のなかで「有馬中務殿《なかつかさ》の臣安部郡兵衛《あべぐんべえ》怪しき獣を鉄砲にて打しと云浮説《いうふせつ》有り」（有馬家の家臣・安部郡兵衛が怪しい獣を鉄砲で討ったといううわさがある）と報告している。

『百鬼夜行拾遺』を見る

『百鬼夜行拾遺《ひゃっきやぎょうしゅうい》』は、1805年（文化2）に発刊された、鳥山石燕《とりやませきえん》（1712［正徳2］～1788［天明8］）の手による妖怪画集である。鳥山石燕は江戸時代中期の画家で、狩野派に学んだとされる。1776年（安永5）に出版した『画図百鬼夜行』が評判となり、妖怪画家としての地位を確立した。『百鬼夜行拾遺』は石燕の死後、1781年（安永10）に出版された『今昔百鬼拾遺』を再編集したもの。死後もなお石燕が描く妖怪は多くの人々に支持されていたということだろう。（文責・編集部）

人魚《にんぎょ》

中国にある建木という木の西にいるという。胸より上は人間、体は魚で、足はない。

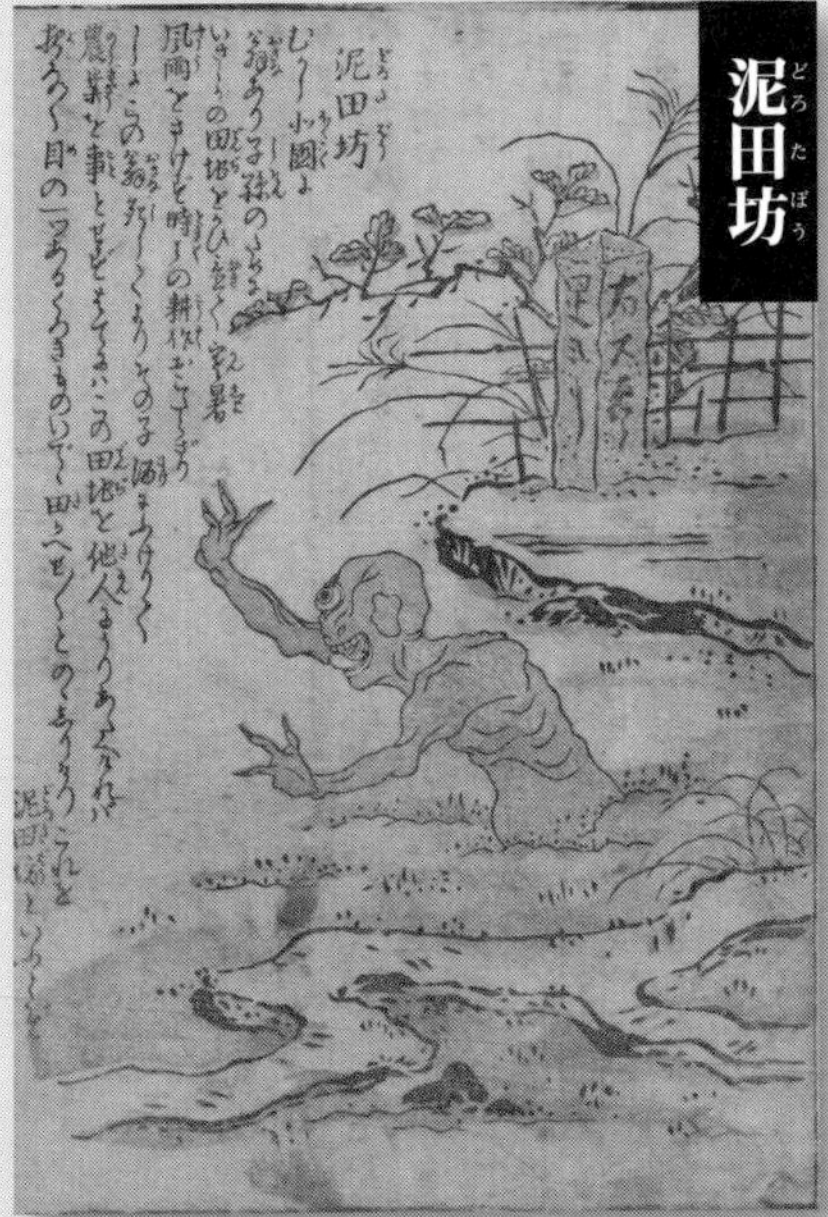

泥田坊《どろたぼう》

息子に田を残したのに、酒にふけり農業をおろそかにしたため、「田を返せ」と罵ったという。

蛇骨婆《じゃこつばば》

右手に青蛇、左手に赤蛇をもつ老婆。中国の妖怪と書かれている。

白粉婆《おしろいばば》

脂粉仙娘という白粉の神の侍女。一二月の月夜にあらわれるという。

古庫裏婆《こくりばば》

死体を掘り起こして死肉を食うといわれる老婆。

倩兮女《けらけらおんな》

唇を紅に染めて男を惑わす女の霊。塀をはるかに超える大女である。

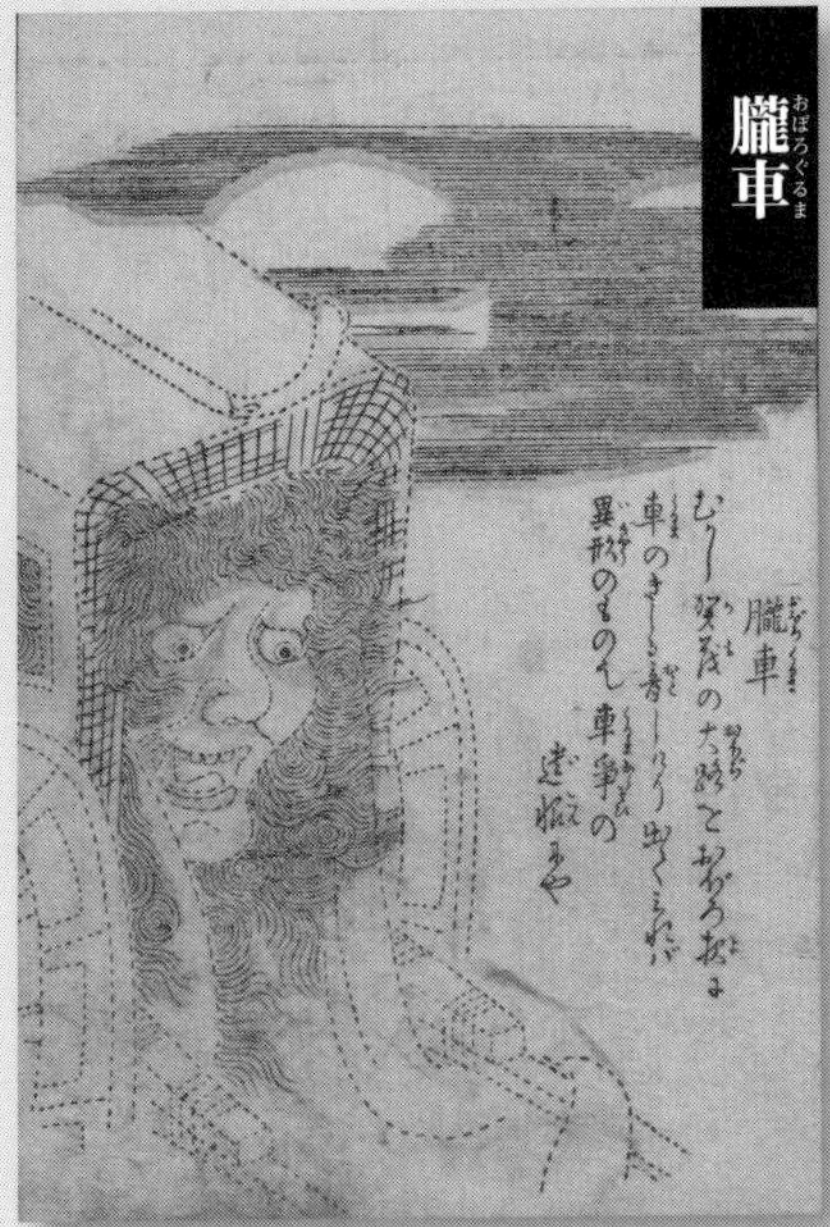

かつての「車争《くるまあらそい》」（牛車による場所取り争いのこと）の怨霊という。

身分の低い人家から立ち上る煙が妖怪になった。

小雨の夜に奈良の葛城山などにあらわれ、お布施をねだるという。

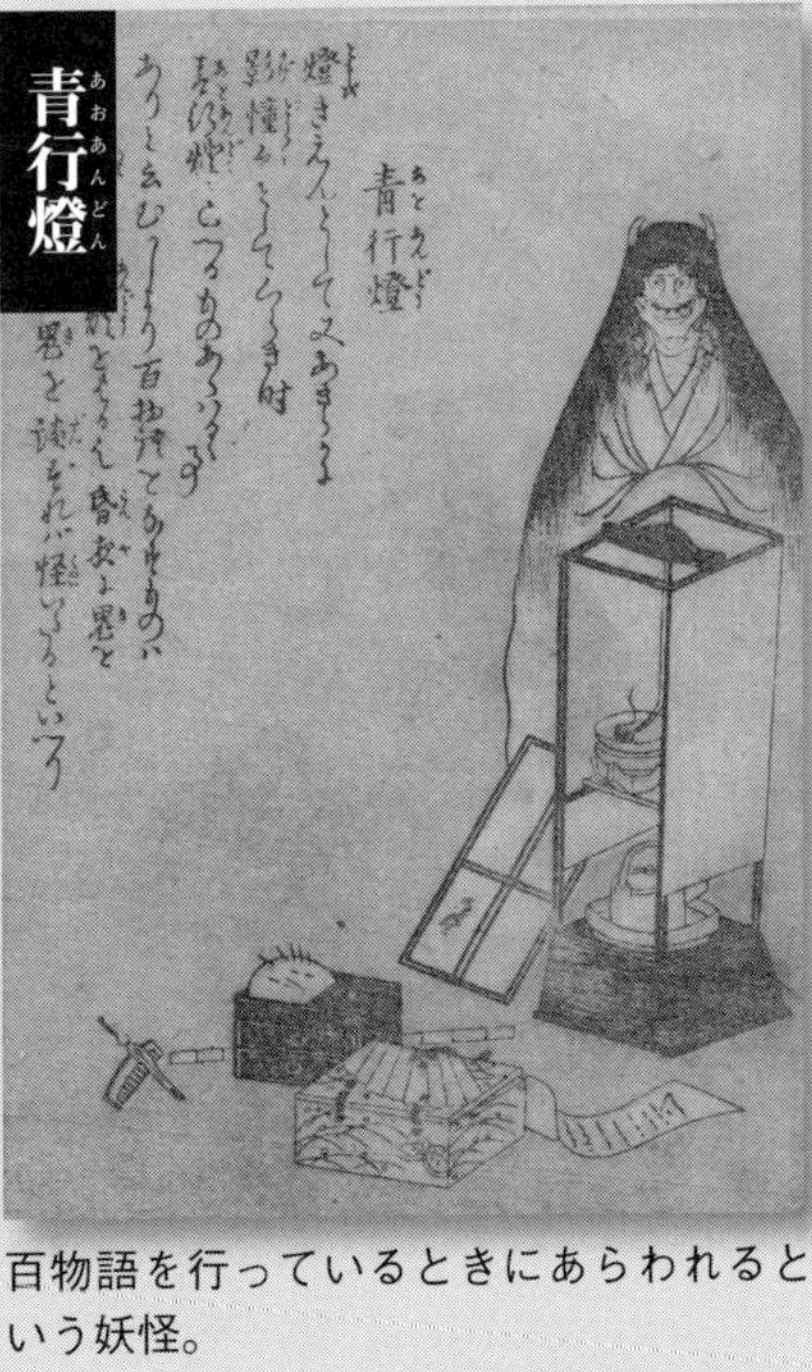

百物語を行っているときにあらわれるという妖怪。

西国の海にあらわれる巨大な蛇のような妖怪。

川辺に棲み、魚を捕らえる妖怪。やすりのように鋭い歯をもつ。

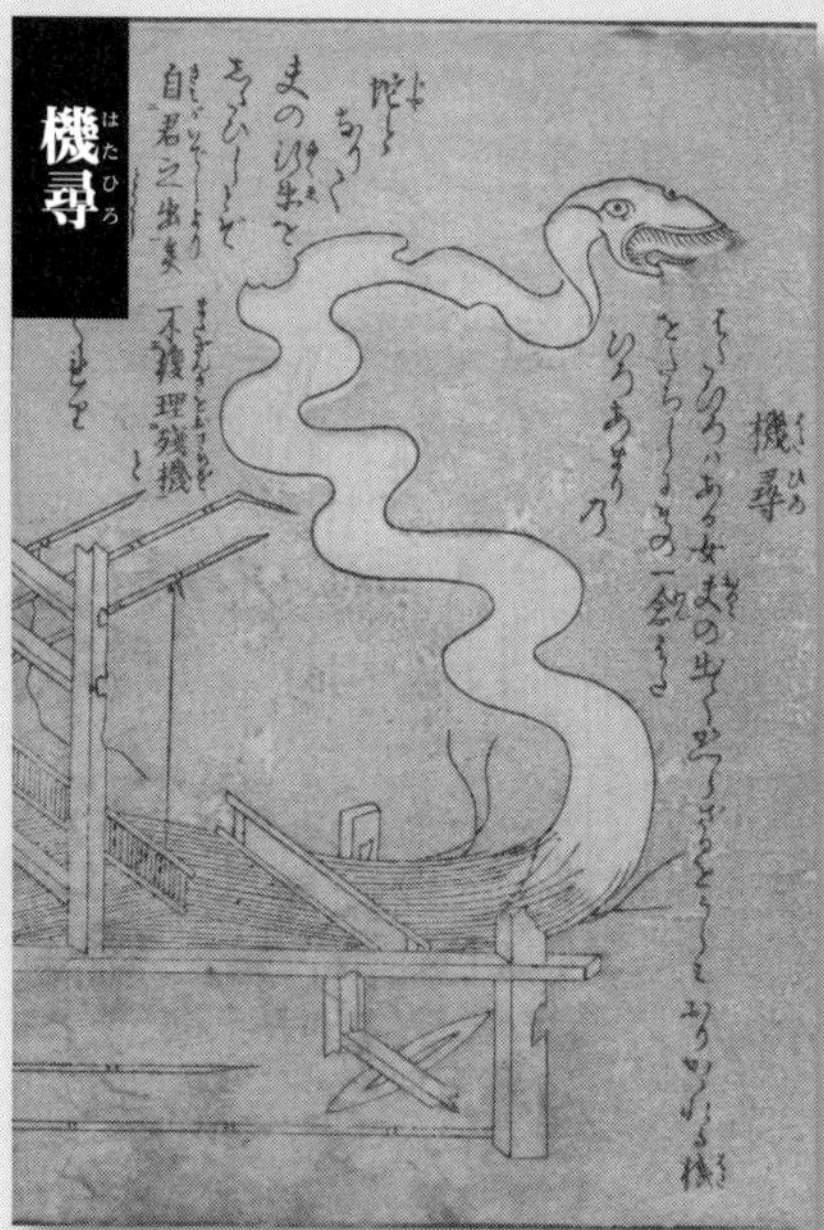

出かけたままもどってこない夫に対する恨みが織った布に宿ったという。

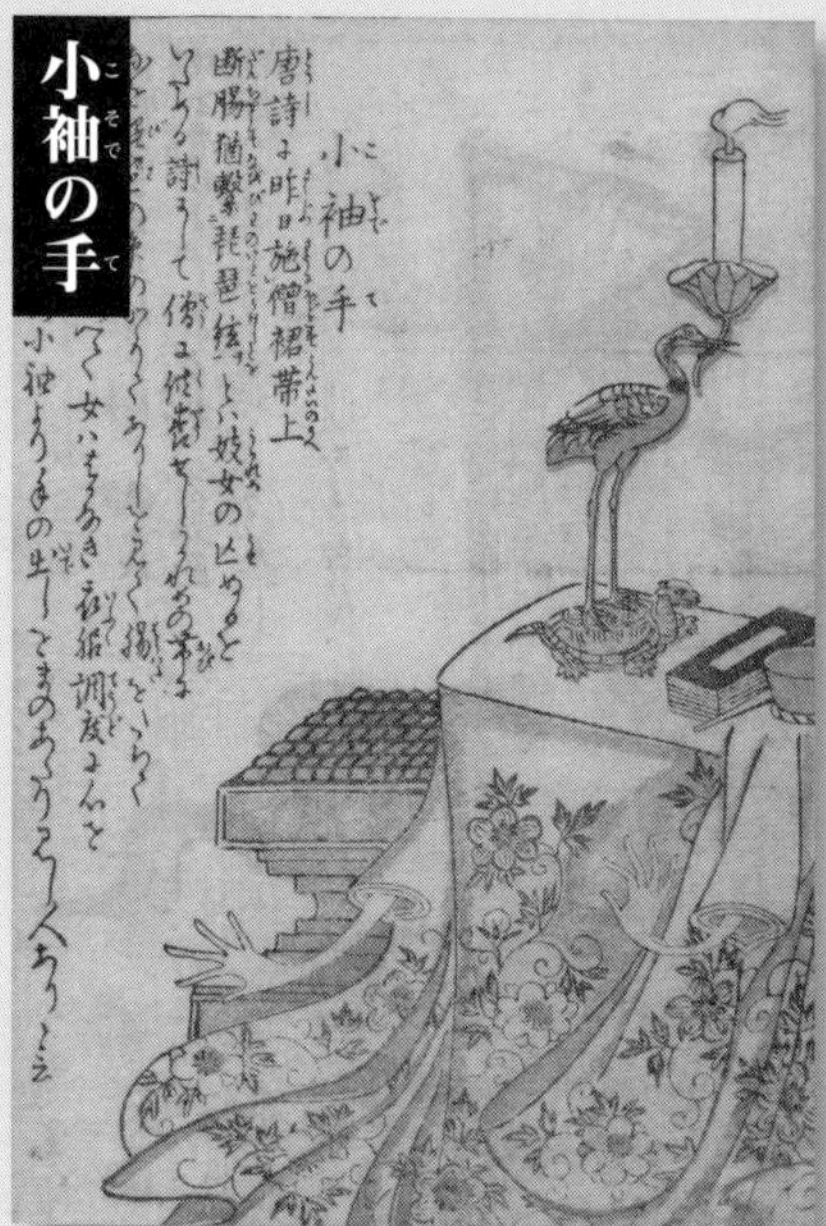

死んだ女性の着物の袖から手が出てくる妖怪。

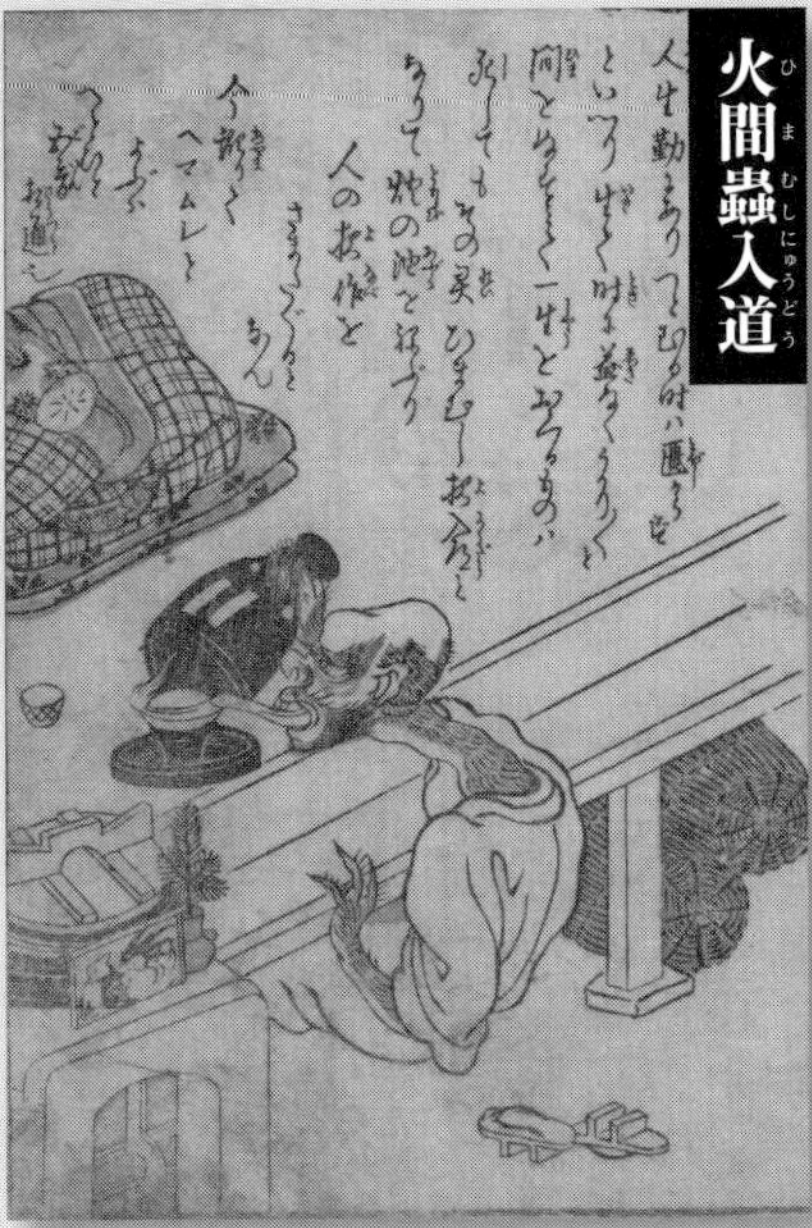

火間蟲入道《ひまむしにゅうどう》

ひまを盗んで一生を終えた者が死後になるとされる妖怪。

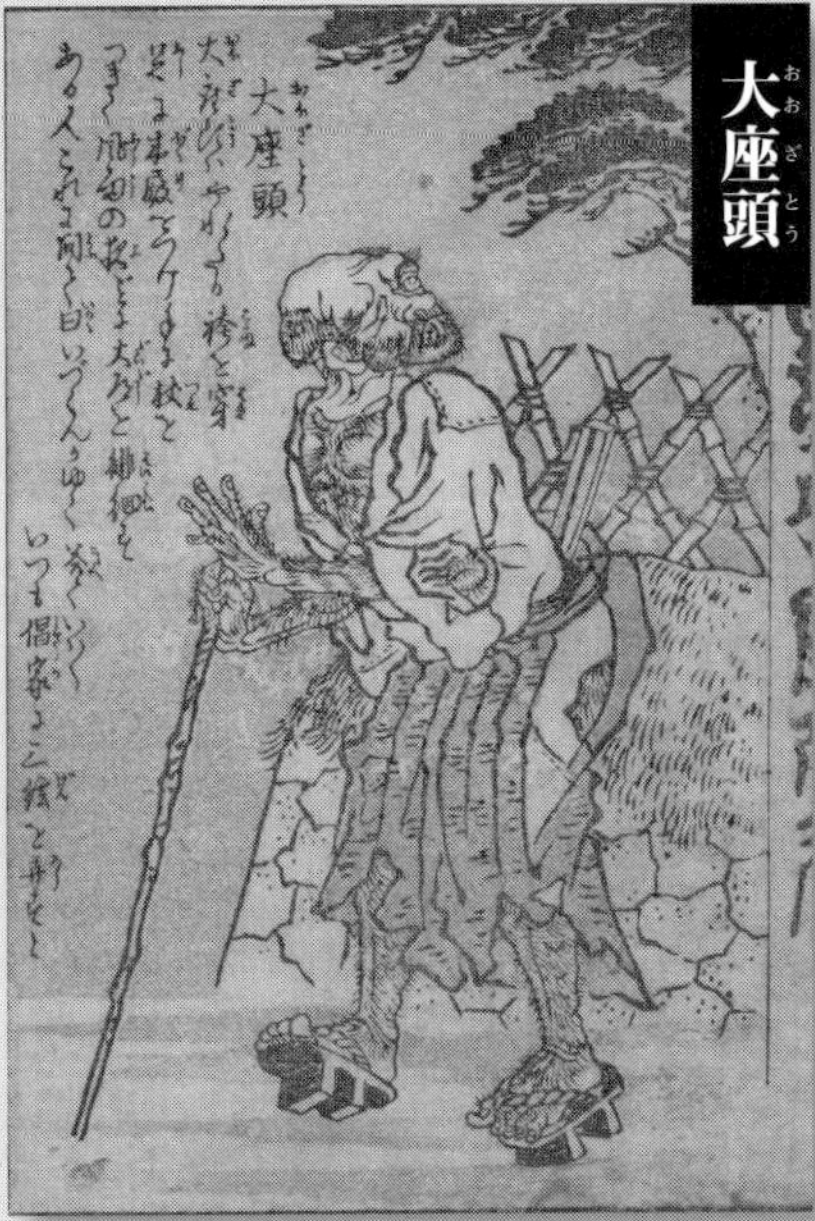

大座頭《おおざとう》

風雨の夜に徘徊するみすぼらしい老人の妖怪。

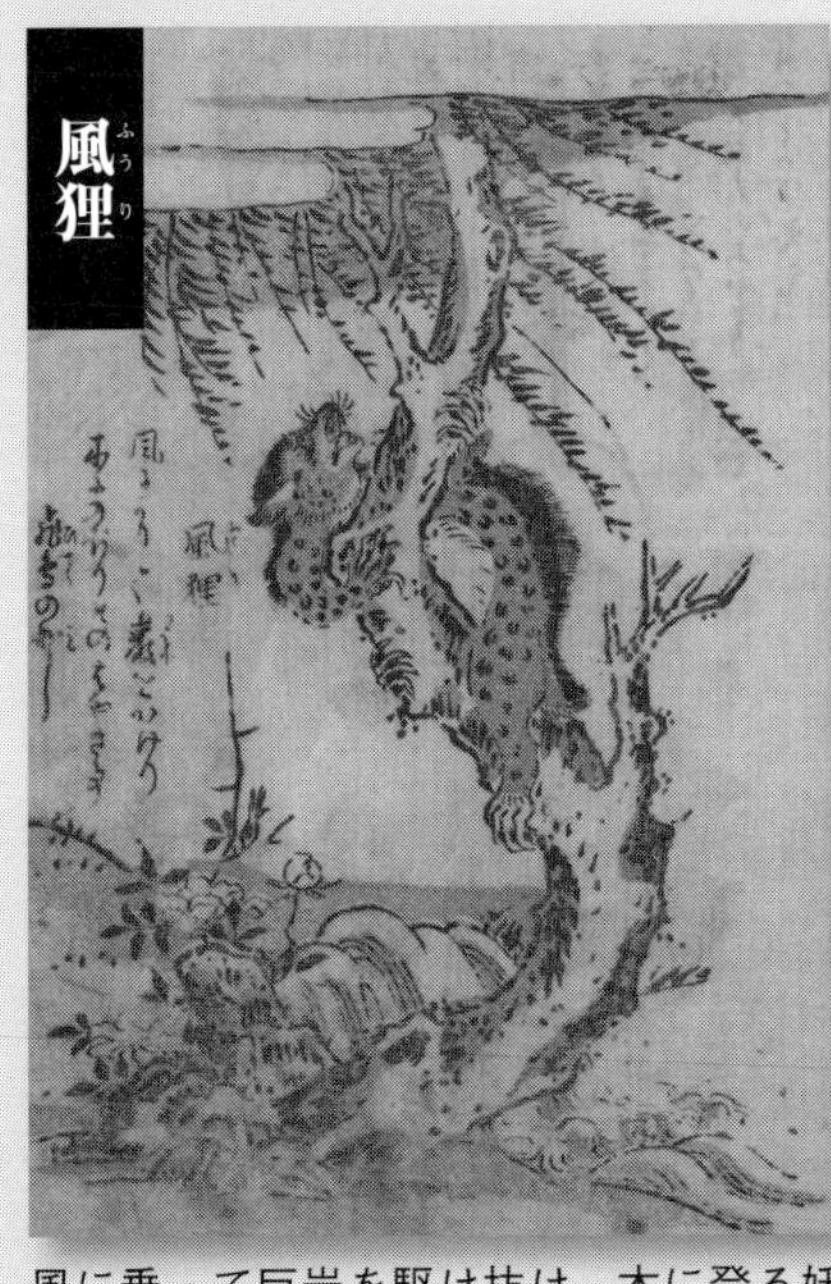

風狸《ふうり》

風に乗って巨岩を駆け抜け、木に登る妖怪。

殺生石《せっしょうせき》

老狐が化けた石で、鳥獣が触れると死んでしまうという。

芭蕉精《ばしょうのせい》

中国原産の多年草であるバショウに宿った精霊。

羅城門鬼《らじょうもんのおに》

羅城門に棲みつき、渡邊綱に腕を斬られひどい目にあった鬼神。

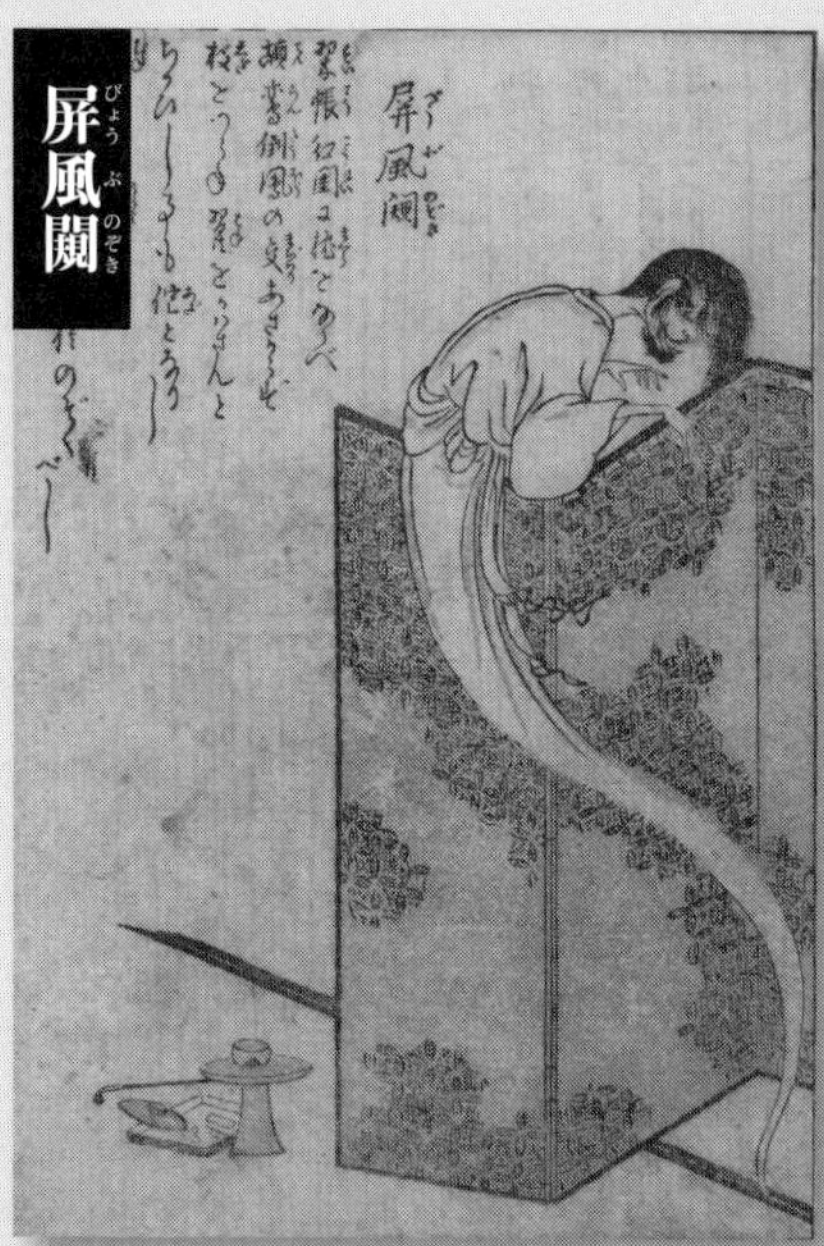
屏風闚《びょうぶのぞき》

全長七尺（約二メートル）以上の妖怪で、屏風越しにのぞき見する。

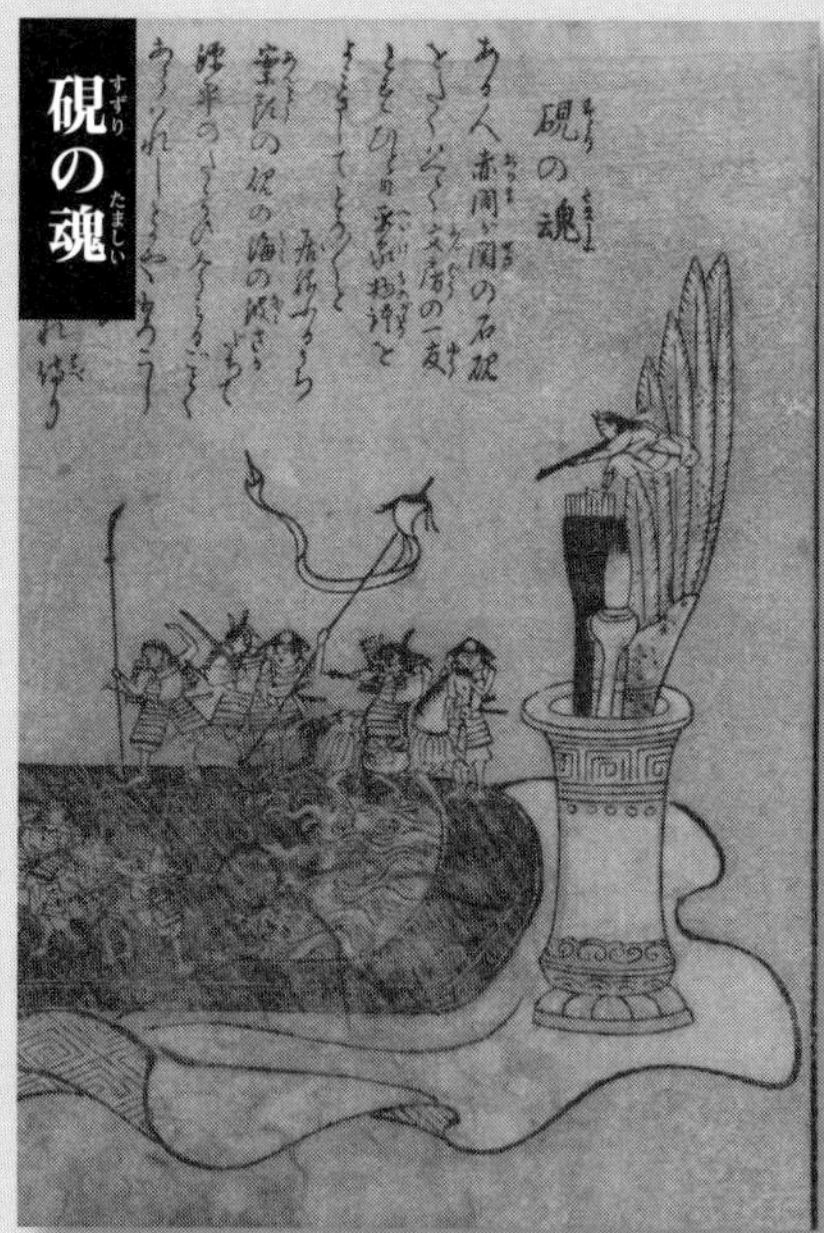
硯の魂《すずりのたましい》

赤間関の硯を使っていたら、硯に海が出現し源平合戦のようになったという。

碁打の霊が碁盤に宿り、それがやがて多数の目になったという。

全身が毛むくじゃらで、稀にしか見ることができないという。

初めは二つの骸骨があらわれるが、やがて何万という数になるという。

井戸のなかに棲む白骨の妖怪。その恨みは非常に深いという。

後ろ姿は美女に見えるが、顔は老人という妖怪。

臆病な人間に取り憑き、忽然と消えて背後に回り、後ろ髪を引くという。

諸国の滝つぼにあらわれるという不動明王の姿をした妖怪。

目が四つある鬼の妖怪。部屋の四隅を見るために四ツ目なのだという。

第四章

恨みを残した「女幽霊」の正体

——幽霊と妖怪は何が違うのか？

裏切った亭主を呪い殺した「お岩」

幽霊といえば「足がない」というイメージ

幽霊は妖怪とは違い、人間に近いかたちであらわれる。妖怪の多くは縄ばりに入った人間を無作為に襲うが、幽霊は基本的に恨みをもった相手だけに襲いかかる存在である。そして恨みを晴らしたあとは、この世からいなくなる。「祟り」の思想から生み出されたのが幽霊といえる。

幽霊の特徴というと「足がない」ことではないだろうか。このイメージは江戸時代に発展したもので、１８７０年（明治３）発刊の『さへづり草』には「足なき幽霊はいつの頃より出来しといへるにこはいと近く丸山応挙主水《まるやまおうきょもんど》よりおこりし也《なり》、丸山主水ふと寃鬼《えんき》（霊魂、幽霊のこと）のかきかたに工夫をつけて書《か》き出しより、一時に海内にひろまれり」とある。丸山応挙主水とは、江戸時代中期の画家・円山応挙のことだ。応挙が描いた『反魂香之図《はんこんこうのず》』の女性には足がないという。

しかし、本の挿画には足のない幽霊はもっと以前から描かれていた。たとえば、１６７３年（寛文《かんぶん》13）発刊の『花山院《かざんいん》きさきあらそひ』という本に、足のない幽霊が挿絵として掲載されている。この本は、花山院の后の座をめぐって藤壺《ふじつぼ》と弘徽殿《こきでん》という二人の女性が争う様子を描いた浄瑠璃である。
なお、それより以前の1628年（寛永《かんえい》5）頃に制作された『山中常盤《やまなかときわ》』という絵巻には、強盗に殺された山中常盤が息子の義経《よしつね》の枕元に立つ場面が描かれているが、常盤には足が描かれている。

いずれにしても、幽霊には足がないというイメージは、江戸時代後期には共通認識になっていたと考えられるだろう。

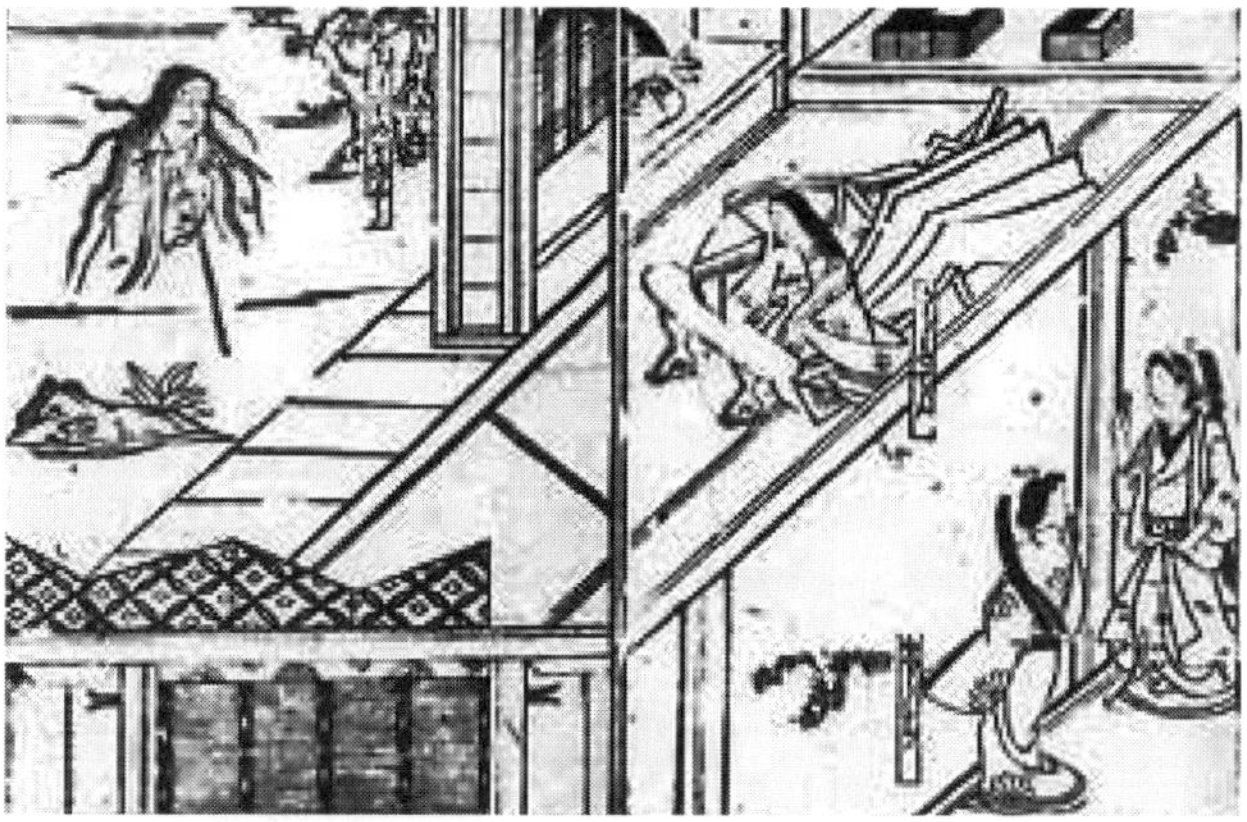

左上に描かれているのが、生霊となった藤壺の幽霊。足というより下半身がない姿で描かれている。（『花山院きさきあらそひ』）

歌舞伎で有名になった「お岩」の幽霊

1825年（文政《ぶんせい》8）、江戸中村座《なかむらざ》で四世鶴屋南北の手による『東海道四谷怪談《とうかいどうよつやかいだん》』という歌舞伎芝居が初演された。この芝居の中心人物が「お岩《いわ》」という女性である。

物語の筋書きは、浪人の民谷伊右衛門《たみやいえもん》が女房のお岩を嫌って殺害、さらに小平《こへい》という奉公人を殺し、二人が不義の仲だったという触れ込みで二人の死骸を一枚の戸板の表と裏に打ち付けて川へ投げ込んだあと、なにくわぬ顔で後妻を娶《めと》り、その縁で出世しようとした。しかし、お岩の幽霊

『模文画今怪談』に描かれた鬼女の挿絵。この話に“いわ”という名前は出てこないが、内容はいわの物語とほぼ同じである。(『模文画今怪談』国立国会図書館蔵)

に苦しめられ、伊右衛門と関係者全員が破滅に追い込まれるという話だ。

これはあくまで創作上の話であり、鶴屋南北はモデルをもとに大きく改作している。

四ッ谷左門町《さもんちょう》(現在の新宿区左門町)に於岩《おいわ》稲荷《いなり》という神社があったが、その由来書を名主の茂《も》八郎《はちろう》という者が町奉行に提出したものがある。

それによると、貞享《じょうきょう》年間(1684〜1688)に田宮又左衛門《たみやまたざえもん》という同心がおり、娘のいわに養子婿をとることにした。同心とは、各奉行の配下の下級役人である。いわは重い疱瘡《ほうそう》のせいで一方の目がつぶれているという容貌の醜い女性だったが、秋山長右衛門《あきやまちょうえもん》が仲人となって、摂津出身の浪人を婿にした。しかし、いわの容貌を嫌った夫は秋山らと共謀していわを騙し、いわのほうから離縁させることに成功した。

いわは家を出ていき、夫は田宮家の財産を手に入れる。夫はその後、後妻をとり四人の子どもにも恵まれた。夫の様子を御用聞きの商人から聞いたいわは嫉妬と恨みから鬼女《きじょ》になり、狂乱して奉公先を飛び出したまま行方知らずとなった。その後、夫の子どもが相次いで死に、夫も難病にかかって死去。秋山とその妻子も死に、田宮家と秋山家は断絶してしまったという。

お岩の物語は歌舞伎の題材としても多く取り上げられた。(『お岩の亡霊』早稲田大学演劇博物館蔵)

1715年(正徳《しょうとく》5)、山浦甚平《やまうらじんぺい》という者が田宮家跡に住んでいたが、怪異現象が相次いだ。そこで、鮫河橋《さめかわばし》南町(現在の新宿区南元町)にあった田宮家の菩提寺・妙行寺《みょうぎょうじ》(現在は豊島区西巣鴨に移転)に稲荷をまつって屋敷内に稲荷をまつって追善供養を行ったら怪

田宮家跡に鎮座する於岩稲荷田宮神社（新宿区四谷）。明治時代に中央区新川に遷座したが、戦後、当地にもどってきた。

異現象がやんだという。これが於岩稲荷である。

この由来書は『東海道四谷怪談』上演後に書かれたもので、その影響を受けていると考えられているが、1788年（天明《てんめい》8）発刊の『模文画今怪談《もんがこんかいだん》』にも同じような話が掲載されている（いわの名前は出てこない）。

〝いわ〟ゆかりの地

於岩稲荷は現在、於岩稲荷田宮神社と名前を変えて現存している。しかし、社伝によると由緒は先の由来書とは少し違っていて、この神社はもともと田宮家の邸内にあった稲荷神社で、田宮家に尽くした貞女として名高かったいわが信仰していたという。いわの死後、夫がいわの霊を稲荷神社に合祀し、その後、田宮お岩稲荷や四谷お岩稲荷などと呼ばれるようになったという。南北が芝居のなかで貞女の鑑《かがみ》を怨霊に置き換えたのである。この神社は1879年（明治12）の火事で焼失し、その後に越前堀《えちぜんぼり》（現在の中央区新川）に遷座した。遷座先がなぜ越前堀だったのか詳細は不明だが、芝居小屋に近かったからという説もある。

その後、於岩稲荷田宮神社は1952年（昭和27）、再び四谷にもどってきた。このとき、新川の田宮神社もそのまま残ることになったため、現在、田宮神社は二か所あるということになる。

通りをはさんで於岩田宮神社の向かい側には、「於岩稲荷陽運寺《ようじ》」という日蓮宗の寺院がある。本堂にいわの木像が安置されていたり、境内にいわゆかりの井戸があったりするが、基本的にはいわとの直接的なつながりはなく、陽運寺がこの地に創建されたのは昭和初期の頃だという。

また、四ツ谷には、いわが夜叉《やしゃ》の

妙行時（豊島区西巣鴨）にあるお岩の墓。現在も参拝する人は多い。

お岩探訪（豊島区〜中央区）

妙行寺
西巣鴨駅
お岩の墓がある。現在は台東区にあるが、江戸時代には元鮫ヶ橋南町（現在の新宿区南元町）にあった。
上野公園
もともとは四谷にあった田宮家の邸内に鎮座していた神社で、いわも深く信仰していたという。
堺町・葺屋町芝居町跡（中村座跡）
四谷三丁目駅
人形町駅
皇居
於岩稲荷田宮神社（四ツ谷）
於岩稲荷田宮神社（新川）
八丁堀駅
形相で通り過ぎたと伝えられる「鬼横丁《おによこちょう》」という一画がある。これは四ツ谷の於岩稲荷田宮神社のすぐ近くの四谷警察署の裏あたりである。

田宮家の菩提寺である妙行寺は、1909年（明治42）に四ツ谷から巣鴨に移転し、今も現存している。ここにはいわのものと伝わる墓がある。

四谷怪談の歌舞伎関係者は上演前に於岩田宮神社や妙行寺を参詣して無事と成功を祈るという。そうしなければ祟りがあると恐れられているからだ。

1966年（昭和41）に講釈師の一龍斎貞山《いちりゅうさいていざん》が脳卒中で急死した際、「於岩稲荷への参拝を怠ったからだ」とうわさされたといい、お岩の祟りは今現在でも恐れられている。

夜ごとあらわれては皿を数える「お菊」

多くの人々が知っていたお菊物語

お岩と並んで有名な女幽霊といえば、「番町皿屋敷《ばんちょうさらやしき》」のお菊《きく》だろう。

『諸国里人談《しょこくりじんだん》』（寛保《かんぽう》年間［1741〜1744］発刊）という書に、「正保《しょうほう》年中（1644〜1648）武士の下女、十の皿を一ツ井に落《おとし》たる科《かど》によって害せられ、其亡魂《そのなきたましい》、夜夜井の端《はた》にあらはれ、一より九を算《かぞ》へ、十をいはずして泣叫云事《なきさけぶいうこと》、普《よ》く世に知る所なり。此《この》古井の屋敷は江戸牛込《うしごめ》御門《ごもん》の内にあり」（正保年間、武士の下女が一〇枚の皿のうち一枚を井戸に落とした罪で殺され、その霊魂が夜な夜な井戸端にあらわれ、一から九まで数えて一〇をいわずに泣き叫ぶということは広く世の中の知るところである）とある。

これがいわゆる「番町皿屋敷」のお菊の物語である。お菊の話は江戸の巷説がさまざまに伝承され、浄瑠璃や歌舞伎、落語などにも取り上げられ、多くの人が知るところとなったのである。

葛飾北斎が描いた『百物語』のうちの一枚。お菊の首から体にかけてを皿で表現している。

お菊が祟る青山主善の屋敷と帯坂

お菊は江戸番町にあった旗本・青山主膳《あおやましゅぜん》の屋敷に勤めていた女中とされる。番町とは、大番《おおばん》や書院《しょいん》番《ばん》に属する旗本が住む地域で、現在の市ヶ谷・九段下・麹町あたりである。江戸には、幕府の大番組は設立時に一番から六番まであった。

「番町皿屋敷」の青山主膳は短気な男だった。女中のお菊が一〇枚揃いの高麗《こうらい》皿を割ってしまったときも激怒し、お菊を折檻した挙げ句、指を一本切り落とした。お菊は身ごもっていた青山の妻に呪いをかけて井戸に身を投げて自害した。やがて青山の妻は子どもを産んだが、その子どもには指が一本なかった。そして、井戸からは夜な夜な皿を数える声が聞こえるようになった。恐れをなして奉公人の多くが青山家を去り、青山も務めを遂行することができなくなり、青山家はついに没落してしまった。しかし、青山家がいなくなったあとも、お菊の声がやむことはなかったという。

今でも有名なお菊の物語だが、実は青山主膳という人物は実在していない。しかし、番町には武士である家柄をかさに着ていばり散らす武士が多かったともいわれており、庶民にとって番町という町は、皿を割ったくらいで女中を殺しかねない青山のような武士がいる場所であった。実際に女中を手打ちにした武家屋敷もあったことは想像に難くなく、そうした話が「番町皿屋敷」のモデルになったのかもしれない。

現在の番町は、「番町皿屋敷」の時代の面影はなく、唯一「帯坂《おびざか》」がその名残をとどめる。帯坂は九段南四丁目と五番町の境界を南に上る短い坂で、そのつきあたりにあった屋敷が青山家のものだったとされる。帯坂は、お菊が主膳の折檻から逃れるために髪を振り乱し帯を引きずりながら走り下った坂といわれ、そこからこの名称がつけられたという。

帯坂の由来は明らかに伝承の類だが、この坂は江戸時代に「切通《きりどお》し坂」と呼ばれ、狭くて急な坂道だった。お菊の物語に震え上がっていた当時の人々が、怪しげな雰囲気を漂わせる坂にお菊の逃げ惑う姿を重ねたのだろう。

各国に伝わる「お菊」話

井戸に身を投げ、あるいは井戸に突き落とされて命を落とす女中の話は全国的にも見られる。皿を割った女中が死後に幽霊になったという話は、番町だけでなく出雲国（現在の島根県）松江と播磨国（現在の兵庫県西部）にもある。

お菊の幽霊探訪（千代田区）

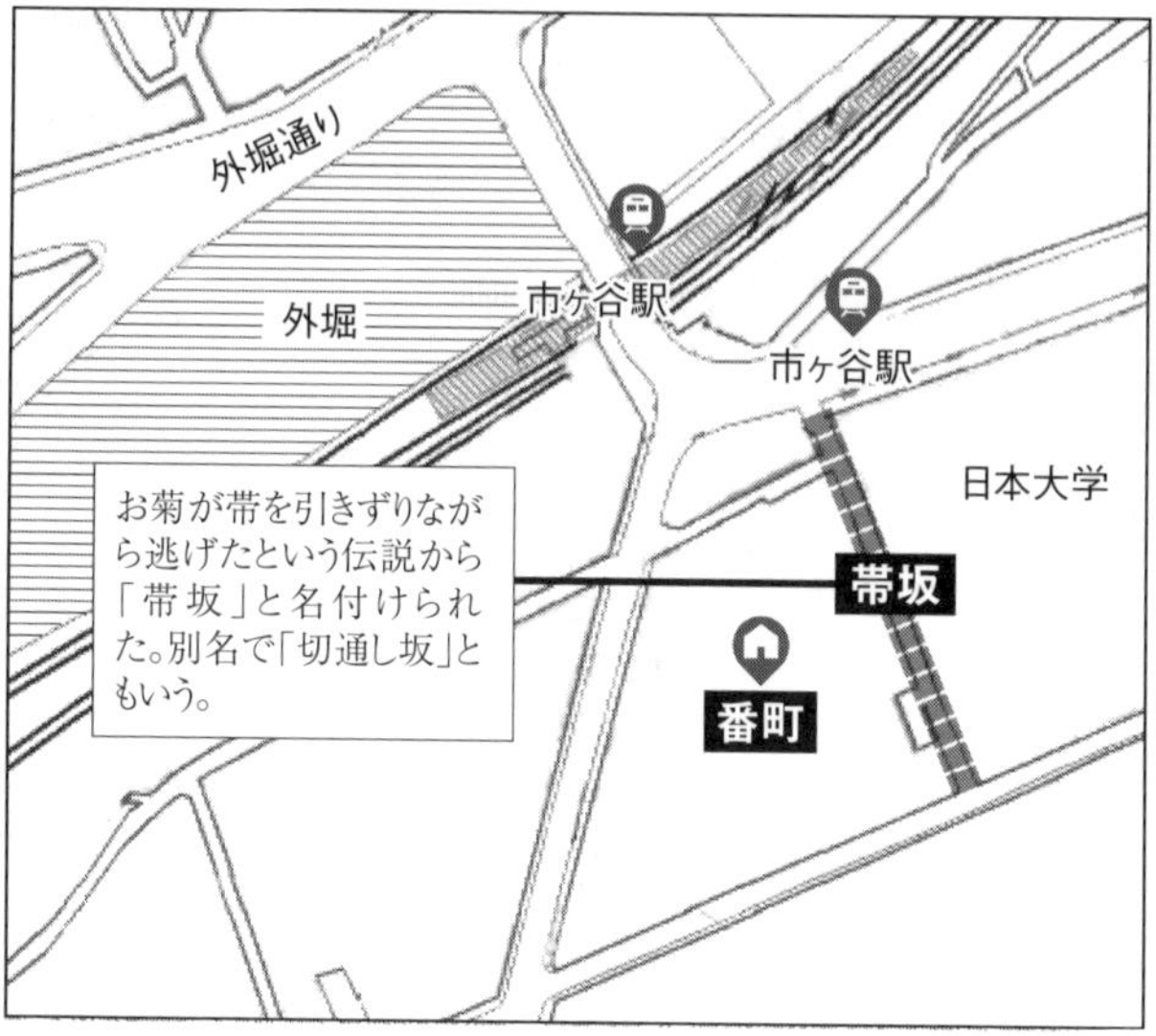
外堀通り
外堀
市ヶ谷駅
市ヶ谷駅
日本大学
お菊が帯を引きずりながら逃げたという伝説から「帯坂」と名付けられた。別名で「切通し坂」ともいう。
帯坂
番町

その他の国の話を紹介すると、美濃国（現在の岐阜県南部）では、とある庄屋の主人の妾の女を女房が井戸に突き落として殺したが、その後、幽霊となった妾に取り殺される。また、甲斐国（現在の山梨県）では、武家に仕えていた下女が、奥方をはじめ屋敷中の者から折檻を加えられ、虐待に耐えかねて井戸に身を投げて死んだ。死体を井戸から引き上げると蛇が出てきて、その蛇を殺すと、蛇の死体のなかから八匹の蛇が出てくる。これらを殺すと、また八匹の蛇が出てきた。蛇はやがて縁側に上がり、敷居に頭をもたせて奥方をにらみつけるようになった。祈祷師に頼んで蛇はいなくなったが、その後、この家の子どもたちは成人前にみな死んでしまったという。

『諸国百物語』には、丹後国（現在の京都府北部）宮津の話として、とある武士の奥方の嫉妬から簀巻きにされて井戸に突き落とされた紅葉《もみじ》という女中がその家に祟った話がある。あるとき屋根から大きな岩がおとされ、奥方の子は木っ端みじんに砕け散って死んでしまった。その後、奥方の血縁の者はことごとく亡くなり、奥方本人も病に臥せったという。

甲斐国の小畑孫市《おばたまごいち》という武士の家でも、ご飯のなかに針が入っていたことをとがめられた菊という女中が奥方によって井戸に突き落とされ、その女中の母親も同様の方法で殺された。すると二人の幽霊があらわれ、孫市夫婦をはじめ親類縁者に次々と取り憑き、ついには一族の者はみな取り殺されてしまったという。

江戸時代には、お菊のような悲惨な最期をむかえる女性が多かったのだろう。その非業の死を悼んで、誰からともなくこのような幽霊譚として語り継がれてきたに違いない。

二五年の時を経て恨みを晴らした「累」

夫に殺された累の恨み

東京都目黒区中目黒の住宅街に大きな寺がある。東急東横線の駅名にもなっている「祐天寺《ゆうてんじ》」である。正式名称を「明顯山善久院《めいけんざんぜんきゅういん》祐天寺」といい、1718年（享保《きょうほう》3）に創建された浄土宗の寺だ。ここにはもともと善久院という寺が建っていたが、祐海《ゆうかい》という僧侶が一〇〇両で購入し、のちにここを祐天寺とした。祐海が一〇〇両もの大金を投じたのは、師匠である祐天の廟所《びょうしょ》（墓所）を建てるためだった。しかし、江戸時代中期、幕府は寺院の新規建立を厳しく制限していた。祐海は新寺建立が無理だったため、ほかの寺を引き継ぐことで祐天の廟所と念仏堂を建立したのである。

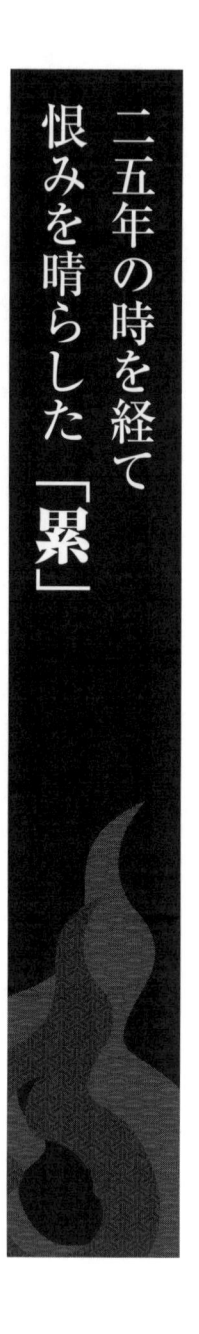

祐天は第五代将軍・徳川綱吉やその母・桂昌院《けいしょういん》の信望も厚く、江戸城にもたびたび招かれたともいわれる高僧であった。祐天の名を高めたのが、怪異を引き起こす累《かさね》という女性の怨霊を退治したことだった。

一七世紀後半、下総《しもうさ》国岡田郡羽生村《はにゅうむら》（現在の茨城県水海道《みつかいどう》市羽生町）で、累という女性が殺害され

累を川に突き落としたうえ、累を櫂で打ちのめす与右衛門。葛飾北斎の手による挿絵。(『新累解脱物語』国立国会図書館蔵)。

る事件が起こった。

累には与右衛門《よえもん》という夫がいたが、与右衛門の目当ては累が親から相続した田畑だった。容貌がみにくい累を嫌った与右衛門は別に女をつくっていたが、ある日、一緒に畑仕事をした帰り道に累を川に突き落として殺害したのである。累の死体が上がった場所は「累ヶ淵《かさねがふち》」と呼ばれるようになった。

累を殺害した与右衛門はすぐに後妻をとるが、すぐに亡くなり、その後も四人の妻に先立たれてしまった。ようやく六人目の妻が菊という娘を産むが、この妻もほどなくして亡くなった。

それからは何事もなかったが、菊が一四歳になったときに異変が起こった。何者かの怨霊が菊に取り憑いたのである。村人は念仏を唱えたり、累の供養をしたりしたが、累の怨霊は鎮まらず、亡くなった村人たちの悪事を次々とあげ

中央に描かれているのが幽霊となった累。累は与右衛門と後妻の仲に嫉妬し、与右衛門の胸倉をつかみ、後妻の袂をくわえて呪い狂っている。(『伊達競阿国戯場』)

つらい、村の人々はお互いに疑心暗鬼に陥るしまつ。そこで名主は、ちょうど近くの寺に滞在していた祐天上人を頼り、怨霊が累であると判別した。祐天によって、ついに累は成仏した。

しかし、その後、再び菊に何者かが取り憑いた。またしても祐天が参上して話を聞くと、六〇年以上も前に累の母親に殺された助《すけ》という子どもの怨霊だった。祐天は助の怨霊も成仏させ、その後、江戸にもどった。なお、累と助に取り憑かれた菊はその後、健康を回復し、七二歳で天寿を

祐天寺（目黒区中目黒）の境内にある「かさね塚」。夫の企みで殺害された累の供養塔として建てられた。今でも参詣者が絶えない。

まっとうしたという。

1690年（元禄《げんろく》3）、累と祐天の話をまとめた『死霊解脱物語聞書《しりょうげだつものがたりききがき》』が発刊された。これは祐天に近い僧が関係者に話を聞いて上梓したものといわれる。

この本が出版されると累と祐天の物語は江戸中の評判になった。これにより祐天の名は高まり、それとともに歌舞伎や浄瑠璃、小説の題材としても取り上げられ、「祐天は菊が寝所へ入らつしやり」という川柳が詠まれるほど広く知れ渡った。

現在、祐天寺の境内には累の供養塔が残されており、現在でも累の演目を演じる歌舞伎関係者は上演前に必ず参拝するという。累の祟りは今なお恐れられているのである。

祐天寺探訪（目黒区）

中目黒駅
累を成仏させた祐天上人の廟所として創建された。境内には、累を弔う「かさね塚」がある。
江戸時代は芝西久保（現在の港区虎ノ門のあたり）にあったが、1929年（昭和4）に当地に移転した。
戸田稲荷神社
浄桂院
祐天寺駅
駒沢通り
祐天寺

祐天が成仏させたもう一人の幽霊

祐天には、ほかにも話が残っている。『耳《みみ》囊《ぶくろ》』に次のような話がある。

あるとき、裕福な家の娘が死んだが、その後、同じ時間の同じところに娘の幽霊が出るようになった。

父母は相応の僧侶を招いて供養したり、祈念や祈祷も行ったが、娘の幽霊は出続けた。そこで、祐天に頼むことになった。祐天は、娘の幽霊が出る部屋にひとり籠って読経を上げると、その部屋の天井を開け放った。すると、そこにはおびただしい数の恋文があった。祐天がその恋文をすべて火鉢で焼き払ったところ、娘の幽霊は出なくなったという。

人と人との縁を切る「縁切榎」

将軍正室二人を夭折させた呪いの大木

板橋本町駅のそばの旧中山道沿《なかせんどうぞ》いに「縁切榎《えんきりえのき》」と呼ばれる木がある。江戸時代から現代にいたるまで、この榎に願をかけると縁が切れるだけでなく、榎の前を通っただけでも離縁するといわれて恐れられている。

『遊歴雑記《ゆうれきざっき》』（江戸時代後期）によると、縁切榎は幕府旗本・近藤登之助《こんどうのぼりのすけ》の下屋敷《しもやしき》（実際は抱え屋敷）の北側垣根の外にあり、木の大きさは五抱えもあり、高さも四、五丈（一二～一五メートル）、根も三、四間（六～八メートル）に及んでいた。縁切榎と名付けられたのは寛保《かんぽう》年間（１７４１～１７４４）の頃とされる。磯《いそ》の宮《みや》という皇女が江戸に嫁入りするとき、この榎の前を通過してから城内に入ったところ、ほどなく亡くなった。その後、寛延《かんえん》（１７４８～１７５１）か宝暦《ほうれき》（１７５１～１７６４）の頃、波《なみ》の宮《みや》という皇女の嫁入りの際もこの榎の前を通過したところ、まもなく死去した。これより誰いうとなく、この榎を憎んで「縁切榎」と称されるようになったという。

磯の宮とは、閑院宮直仁《かんいんのみやなおひと》親王（東山《ひがしやま》天皇皇子）の娘・五《い》十《そ》宮《みや》のことと思われる。ただし、五十宮は１７４９年（寛延２）に一〇代将軍・徳川家《いえ》治《はる》に嫁いでおり、１７７１年（明和《めいわ》８）まで生きている。夭折したのは家治と五十宮の娘・千《ち》代《よ》姫である（享年２）。

波の宮とは、伏見宮邦永《ふしみのみやくになが》親王の娘・比宮《なみのみや》のことと思われるが、比宮が九代将軍・徳川家重に嫁いだのは１７３１年（享保16）である。比宮は降嫁後二年で死去した。波の宮を一二代将軍・徳川家慶《いえよし》の正室・楽宮《さざのみや》に比定する説もあるが、楽宮が降嫁したのは１８０４年（文化《ぶんか》１）で、楽宮は１８４０年まで生きた。

『遊歴雑記』の記述には錯綜が見られるが、いずれにしても現世との縁を断つほどの祟りをもった木と考えられていたということだ。

縁切榎神社（板橋区本町）にそびえる縁切榎。今でも、「縁を切りたい」と願う人が参詣するいう。

和宮降嫁のときも避けられた縁切榎

こうした伝説をもった縁切榎は、当然ながら良縁を願う人にとっては嫌われていた。江戸より西から江戸に入る場合、たいていは中山道を通るが、嫁入りする人は縁切榎の下を通らないように通過したという。

1861年（文久《ぶんきゅう》1）、一四代将軍・徳川家茂《いえもち》のもとに孝明《こうめい》天皇の妹・和宮《かずのみや》が降嫁することになった。そのときは縁切榎を薦《こも》で包み、和宮一行はその下を通っていった。実際は、五十宮の降嫁のときに縁切榎の下を通らないように脇道がつくられており、和宮の行列もその脇道を利用し、縁切榎を見ずに通過したといい、この脇道を根村《ねむら》道と呼んだ。あるいは、縁切榎を薦で包んだうえで、脇道を通ったのかもしれない。

和宮はその後、板橋仲宿の脇本陣《わきほんじん》・飯田家に一泊し、江戸城に入った。

庶民の婚礼の列も、この榎の前を通らないのが普通であったといい、それほど縁切榎の霊力は恐れられていたのである。かつての大樹の面影はないが、三代目となる縁切榎が縁切榎神社（榎大六天神）に現在も残されており、幹は薦でおおわれている。

◎縁切榎探訪（板橋区）◎

縁切榎は中山道沿いに立っていた。板橋は中山道第一の宿場なので、普通に進んでいくと、縁切榎のそばを通ることになる。
旧中山道
板橋本町駅
環七通り
縁切榎
智清寺
日曜寺
板橋
根村道
縁切榎そばを通らないように、江戸時代につくられた脇道。徳川家茂に降嫁した和宮も、この道を通った。
石神井川
仲宿脇本陣跡

その他の縁も切る

『耳嚢《みみぶくろ》』という江戸時代中期の随筆には、縁切榎のもうひとつの逸話が紹介されている。

この榎の皮を削ぎ取り、家に持ち帰って水で煎じ、相手に知られないようにして飲ませると、男女の縁を切り、夫婦の仲も自然に疎遠になって離別できるとされたという。また、大酒飲みにこの榎の皮を水に浸けて煎じ、それを酒に和して飲ませれば、たちまち酒嫌いになり、下戸になるともいわれた。日本人は伝統的に神社内の大木を「御神木」として崇拝するところがあり、年輪を重ねた大木に不思議な力を感じていたのである。

恋に我が身を燃やした「八百屋お七」

放火の罪で処刑された薄幸の娘

1683年（天和《てんわ》3）三月、江戸本郷《ほんごう》で火事が起こった。当地に住んでいたお七《しち》という女性が火をつけたとして捕らえられ、同年三月二九日、お七は鈴《すず》ヶ森《がもり》刑場で処刑された。これが八百屋お七と呼ばれる女性だ。お七の物語は巷説さまざまあるが、だいたい次のようになる。1682年（天和2）一二月に天和の大火と呼ばれる大火事が江戸駒込で起こった。出火元は大円寺《だいえんじ》という寺だった。火災は風にのって江戸中に広がり、南は神田・日本橋、東は下谷から本所まで及び、七五軒の大名屋敷、一六六軒の旗本屋敷、九五の寺社が焼失した。この火災による死者は三五〇〇人を数えた。

このとき、本郷追分《おいわけ》（現在の文京区向丘《むこうがおか》）あたりに住んでいた八百屋のある一家が焼け出され、菩提寺の正仙寺《しょうせんじ》（一説に円乗寺《えんじょうじ》、円林寺《えんりんじ》とも）に避難した。その一家の娘がお七で、お七は避難先の寺で出会った生田庄之助《いくたしょうのすけ》（一説に左兵衛《さへえ》）という寺小姓と恋に落ちるが、身分差のために引き離され、庄之助と会うことさえ禁じられてしまった。お七は家に帰ってからも庄之助のことを忘れられず、二

円乗寺境内にある「八百屋於七地蔵尊堂」。ここには八百屋お七の墓もあり、江戸時代後期、歌舞伎役者の五代目岩井半四郎が建てたものである。

人の出会いのきっかけになった火事を起こすことに再会の望みを賭け、自宅に火を放った。そして数日後、捕らえられたお七は火刑に処された。一説に、吉祥寺《きちじょうじ》門前に住む吉三郎《きちざぶろう》というならず者が火事場泥棒をするためにお七に放火を勧めたともいわれる。

この話は浄瑠璃や歌舞伎に取りあげられ、多くの人が知るところとなった。そのため、1682年（天和2）の天和の大火も「お七火事」と呼ばれるようになったが、天和の大火はお七が火をつけたものではない。

1719年（享保《きょうほう》4）、お七の供養のために大円寺に地蔵尊が寄進された。お七が処刑されてから三六年後のことであり、お七の物語が時代を経ても語り継がれていたことを物語っている。この地蔵尊は今なお現存するが、ほうろく（素焼きの土鍋）をかぶっている。お七の罪業を救うために熱したほうろくをかぶり、灼熱の苦しみをお七に代わって受けているのだという。そのためこの地蔵尊は「ほうろく地蔵」と呼ばれている。大円寺の近くの円乗寺には、お七の墓がある。

1802年（享和《きょうわ》2）、江戸で流行風邪（インフルエンザ）が流行ったが、これを「お七風邪」と呼んだ。お七が引き起こした火事が多くの人を死なせたことからの連想だろう。

八百屋お七探訪（文京区）

吉祥寺
1458年（長禄2）に創建。当初は江戸城内にあった。境内には、1722年（享保7）建立の吉祥寺大仏が安置されている。
本駒込駅
1597年（慶長2）に創建。処刑されたお七の罪業を救うための「ほうろく地蔵」が置かれている。
大円寺
白山駅
白山通り
円乗寺
本郷通り
お七一家の菩提寺。天和の火事の際、お七一家はこの寺に避難した。お七の墓もある。
東大前駅
本郷追分

死してなお夫の女に嫉妬する「妻の怨霊」

死んだあと再婚した夫の妻を取り殺した女房

幽霊は基本的に恨みを残して死んだ者が、恨みを晴らすために出てくる存在である。女性の幽霊の場合、浮気した夫に祟る場合が多く、あるいは自分が死んだあとに再婚した後妻を苦しめることもあった。

『因果物語《いんがものがたり》』（1661年〔寛文《かんぶん》1〕発刊）という本に、麹町に住む女が「私が死んだあとに下女と結婚したら祟ります」と夫に言い残して死んだところ、本当に祟られた話が載っている。夫と再婚した下女の前に幽霊になった先妻があらわれ、下女の髪を一本残らずむしり、ついに下女は取り殺されてしまったという。『因果物語』は、牛込の宝泉寺《ほうせんじ》を拠点にした鈴木正三《しょうさん》という僧が書いたものだが、正三の言葉を借りれば、この本に収録されている話は実録だという。

死んだあと、夫の再婚相手に嫉妬した女の妄念である。

妻の嫉妬が呼び起こす怪異

江戸中橋《なかばし》（現在の中央区京橋あたり）に高野庄左衛門《たかのしょうざえもん》という者がいた。この妻が非常に嫉妬深く、それゆえに病気になってしまった。妻は日が経つにつれて衰えていき、夫も妻のそばを離れず看病していた。するとある夜のこと、妻が飛び起きるや、「ああ腹立たしい」といいながら両手の指を口に突っ込んで口を耳まで引き裂き、修羅のような形相で夫にとびかかった。驚いた夫は下人を呼び、隣人も駆けつけて六、七人で妻を取り押さえ、ついに妻を殺してしまった。夫は妻の死体を寺に送ったが、その後放心状態になり、一〇〇日ほどで死んでしまったという。

次に、芝田町《しばたちょう》（現在の港区芝五丁目あたり）で起こった話だ。

嫉妬に狂った女性は夫だけでなく、夫の後妻にも祟ることが多かった。
（『古今未曽有工夫の幽霊 尾上梅幸』早稲田大学演劇博物館）

『因果物語』の作者・鈴木正三が拠点にしたと伝わる宝泉寺（新宿区西早稲田）。境内には1711年（正徳1）に鋳造された梵鐘が現存する。

夫を恨んで死んだ妻を成覚寺《じょうかくじ》という寺に葬って、布団を片付けようとしたところ、布団の下に六、七尺（約一・八〜二・一メートル）ほどの黒蛇が死んでいた。気味が悪いと思いつつ夫は蛇を海に捨てたが、蛇はたちまち生き返り、男より先に家にもどった。しかし、蛇の姿は見えなくなった。妻の四十九日が過ぎてから新しい女を女房にしたが、女は翌日逃げ帰ったという。

この二つの話は『新著聞集《しんちょもんじゅう》』（1749年［寛延2］発刊）に掲載されているもので、夫への恨みを晴らした妻の幽霊の話である。

『新著聞集』にはそのほかにも、嫉妬深かった彦根藩井伊家の家臣・西郷伊予《さいごういよ》の妻が死後に幽霊となって夫を取り殺した

「妻の怨霊」探訪（新宿区〜港区）

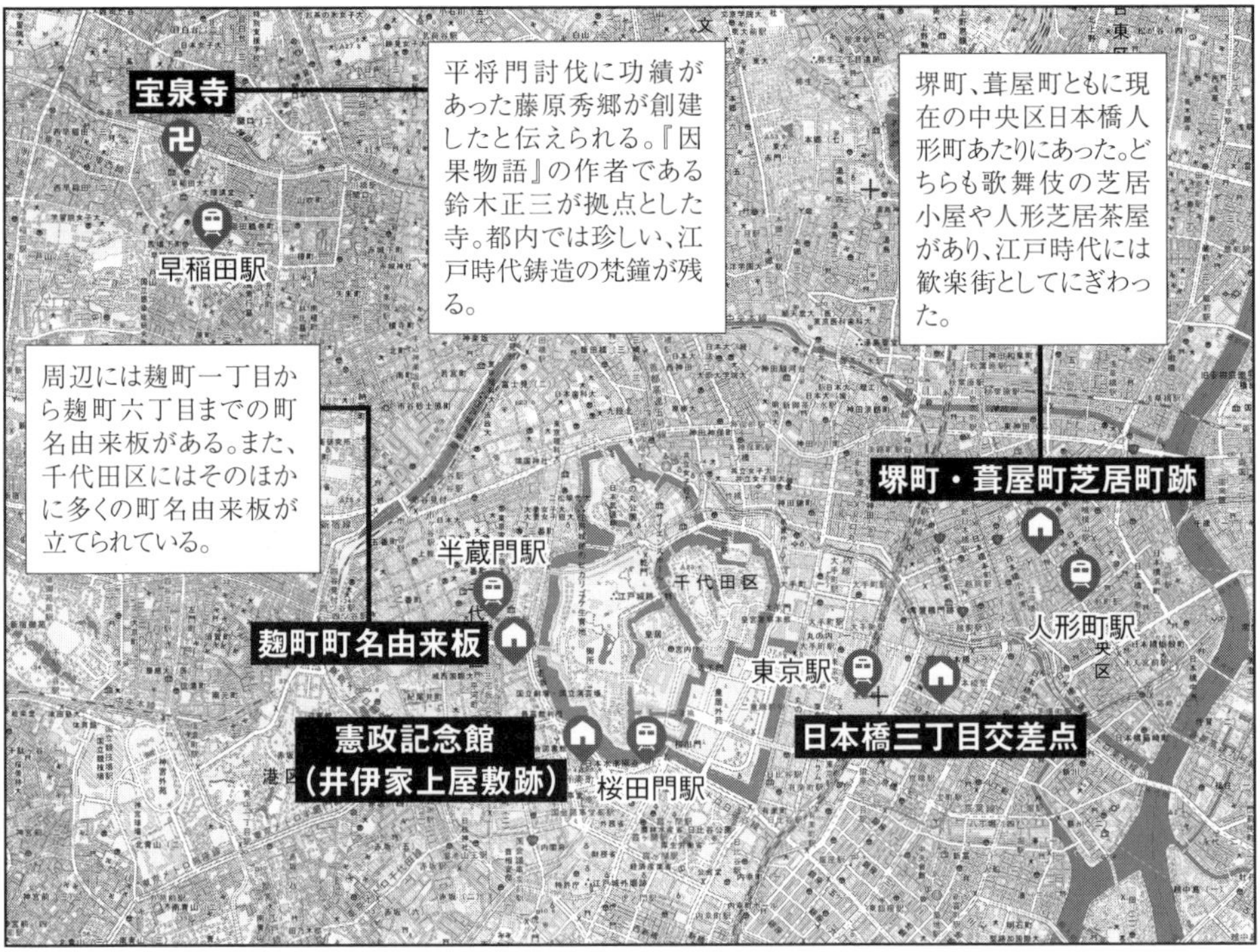
宝泉寺
早稲田駅
平将門討伐に功績があった藤原秀郷が創建したと伝えられる。『因果物語』の作者である鈴木正三が拠点とした寺。都内では珍しい、江戸時代鋳造の梵鐘が残る。
堺町、葺屋町ともに現在の中央区日本橋人形町あたりにあった。どちらも歌舞伎の芝居小屋や人形芝居茶屋があり、江戸時代には歓楽街としてにぎわった。
周辺には麹町一丁目から麹町六丁目までの町名由来板がある。また、千代田区にはそのほかに多くの町名由来板が立てられている。
堺町・葺屋町芝居町跡
半蔵門駅
千代田区
人形町駅
麹町町名由来板
東京駅
日本橋三丁目交差点
憲政記念館
（井伊家上屋敷跡）
港区
桜田門駅

話、江戸堺町（現在の中央区日本橋人形町）の鼓打ちの妻が夫の後妻に祟って狂乱させて死なせた話、江戸に出稼ぎに行った夫（高崎藩安藤家の家臣で医師に転職）が現地妻をめとったことに嫉妬して死んだ妻が夫に祟り狂い死にさせた話などが載っている。

先妻の怨念が後妻を殺す

あるとき、浅草馬道で茶屋をやっている者が深川に用事があって霊岸寺《れいがんじ》の前を通った。そのとき火の玉があらわれるや、異様に影の薄い若い女が呼びかけた。女は「私は赤坂の与力の妻だが、夫の後妻の嫉妬心が激しく成仏できない。このことを夫に伝えてほしい」という。男は、伝えなければひどい目にあうかもしれないと思い、その与力の家を探し出し、幽霊の話を伝えた。その後、また用事があって深川に行くと、女の幽霊が再びあらわれ、「夫に伝えてくれてありがとう。その後妻も死に、ようやく成仏できた」と礼を述べた。不思議に思った男が与力に事情を尋ねると、与力は「後妻は嫉妬の激しい性格で、あるとき先妻の位牌をくれという。どうしてもというので何の気なしに渡したら、位牌を薪割りで打ち砕いてしまった。それから病気になって死んだ」と語った。先妻の怨念が後妻を殺したのである。

ここで紹介した話は江戸に出現した女幽霊のほんの一部だ。人口が多く、多様な階層の人々がいた江戸には、多くの幽霊があらわれたのである。

第五章

江戸の「魔界」を探訪する

——今も残る魔界の痕跡を辿る

「本所七不思議」を歩く

湿地帯だった陰鬱なイメージの本所

江戸にはさまざまな「七不思議」が存在する。なかでも有名なのが「本所七不思議」ではないだろうか。江戸時代初期の本所（現在の墨田区南部）は、近辺の深川とともに隅田川東岸に広がる低湿地帯だった。

その後、寛文《かんぶん》年間（１６６１〜１６７３年）に大橋《おおはし》（現在の両国橋）が建設されて開発が進み、湿地が埋め立てられて町屋や武家屋敷が建ち並ぶようになった。とはいえ、隅田川の川向こうに位置し、一歩裏道に入ると寂しい土地柄でもあり、かつての湿地帯の暗い雰囲気は残った。そうしたことから、さまざまな怪異現象が語り継がれることになったのである。

本所七不思議とは、文字通り、本所を舞台にして語り継がれてきた怪異現象である。七不思議として成立したのは江戸時代後期のようだが、それ以前から各話については知られていた。

本所七不思議に数えられるのは、次の話である。

①「置《お》いてけ堀《ぼり》」、②「送《おく》り拍子木《ひょうしぎ》」、③「狸囃子《たぬきばやし》」、④「足洗《あしあら》い屋敷《やしき》」、⑤「片葉《かたば》の葦《あし》」、⑥「無灯蕎麦《あかりなしそば》」（「消えずの行灯《あんどん》」とも）、⑦「送り提灯《ちょうちん》」、⑧「落葉しない椎《しい》の木」、⑨「津軽《つがる》の太鼓」

七不思議といいながら九話あるが、これは語る人によって話の内容が違っていたからである。現在墨田区のホームページでは、このうち①、③、⑤、⑥、⑦、⑧、⑨を「本所七不思議」にあげている（2018年更新）。また、大横川親水公園《おおよこがわしんすい》（墨田区吾妻橋）内に本所七不思議のレリーフがあるが、そこでは①、②、③、④、⑤、⑥、⑦が選ばれている。

本所七不思議①　置いてけ堀

ある人が横十間川《よこじっけん》（現在の錦糸町駅の近くを流れていた運河）に続く錦糸堀で魚を釣っていた。日が落ちてきたので釣果を魚籠に入れて帰ろうとすると、どこからともなく「置いてけ、置いてけ」という声が聞こえた。心の迷いかと思いつつ、気味が悪いので急いでその場を離れ、ふと魚籠のなかを見ると、釣ったはずの魚は一匹残らず消えてなくなっていた。この場所では、どんなに魚を釣っても置いていかなければならないという。

●置いてけ堀跡
江東区亀戸一丁目
最寄り駅：ＪＲほか「錦糸町駅」

置いてけ堀は狸や河童のしわざと考えられ、現在、錦糸堀公園（江東区江東橋）に置いてけ堀にちなんだ河童の像が建てられている。また、横十間川沿いにある第三亀戸中学校の正門横に「おいてけ

本所七不思議探訪

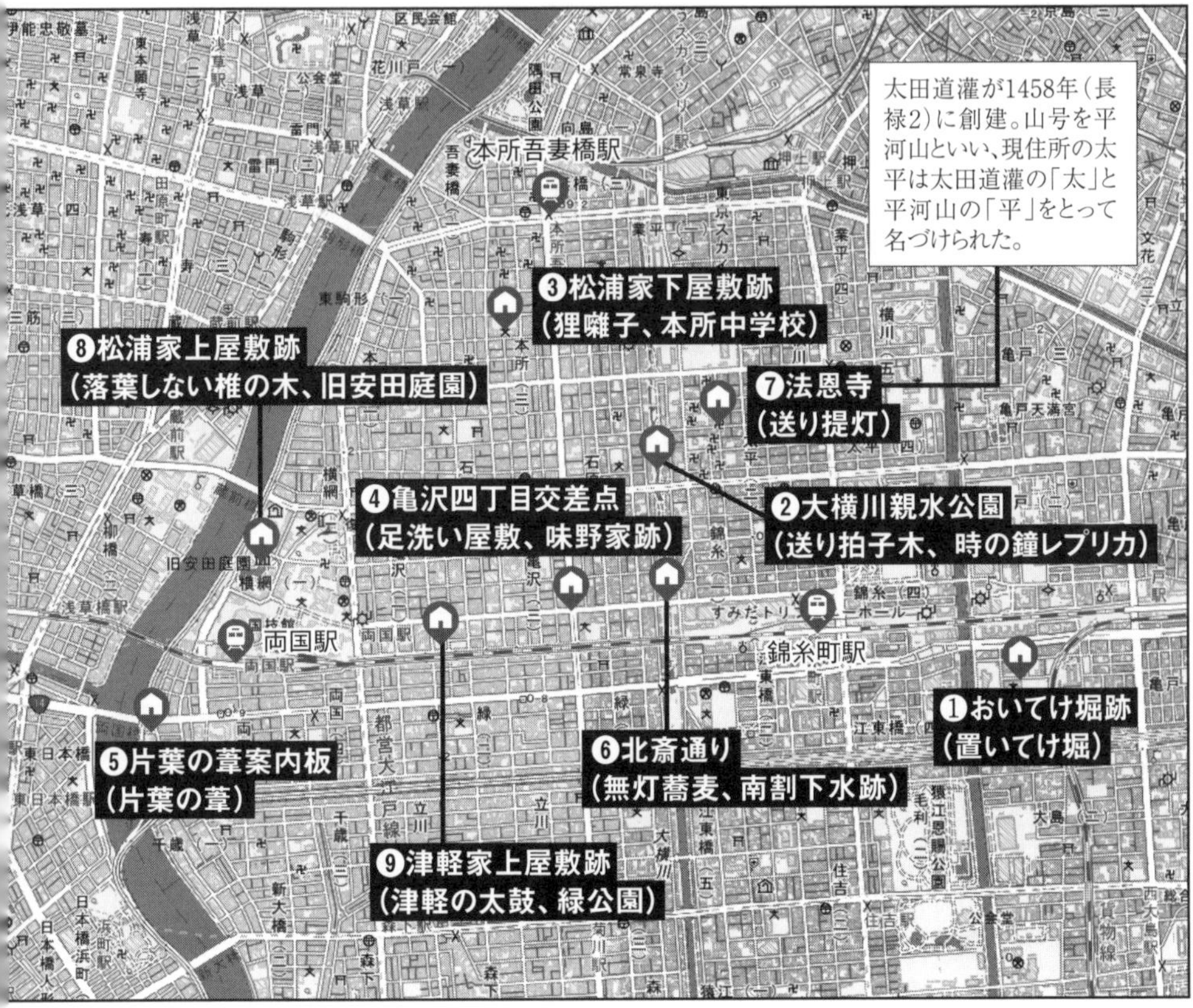

太田道灌が1458年（長禄2）に創建。山号を平河山といい、現住所の太平は太田道灌の「太」と平河山の「平」をとって名づけられた。
❶おいてけ堀跡（置いてけ堀）
❷大横川親水公園（送り拍子木、時の鐘レプリカ）
❸松浦家下屋敷跡（狸囃子、本所中学校）
❹亀沢四丁目交差点（足洗い屋敷、味野家跡）
❺片葉の葦案内板（片葉の葦）
❻北斎通り（無灯蕎麦、南割下水跡）
❼法恩寺（送り提灯）
❽松浦家上屋敷跡（落葉しない椎の木、旧安田庭園）
❾津軽家上屋敷跡（津軽の太鼓、緑公園）
本所吾妻橋駅
両国駅
錦糸町駅
旧安田庭園

堀跡」の石碑が建っている。

本所七不思議② 送り拍子木

本所入江町《ほんじょいりえ》（現在の墨田区緑あたり）は江戸時代、時の鐘をつく時鐘《じしょう》屋敷があった。また、夜鷹《よたか》（私娼）が巣くう岡場所《おかばしょ》として有名で、夜にもなると道行く男に夜鷹が声をかけていた。遊客目当ての蕎麦屋や茶飯屋台も建ち並んでいたが、夜も更けると人も音も絶える寂しい町だった。

入江町から少し離れた本所割下水《わりげすい》（現在の墨田区亀沢）あたりを、ひとりの夜回りの男が歩いていた。津軽藩上屋敷の辻行灯《つじあんどん》だけが薄暗く灯っているなか、拍子木を打ちながら「火の用心」と声を出しながら歩いていた。

すると、同じように拍子木を叩く音がした。気のせいかと思って歩き出したところ、後ろでことさら大きな拍子木の音がした。恐怖に震えた夜回りは一目散に番小屋へ逃げ込んだという。

これが「送り拍子木」とよばれる怪異現象である。当時の夜回りはしばしば「送り拍子木」の怪異を体験したという。

津軽藩上屋敷跡には現在、緑町公園があり、大横川親水《おおよこがわしんすい》公園には時の鐘のレプリカが置かれている。

●送り拍子木（津軽家上屋敷跡）
墨田区亀沢二丁目（緑公園一帯）
最寄り駅：JRほか「両国駅」

本所七不思議③　狸囃子

狸囃子《たぬきばやし》は「馬鹿囃子」ともいわれる。斎藤月岑《さいとうげっしん》の『武江年表《ぶこうねんぴょう》』の文化《ぶんか》十三年（1816年）の項に、「九月頃、夜に入《はい》りていづくとなく拍子《ひょうし》を取り、太鼓を打音《うつ》

●**狸囃子（松浦家下屋敷跡）**
墨田区東駒形三丁目付近
最寄り駅：都営浅草線「本所吾妻橋駅」

送り拍子木の怪異を描いたもの。黒い影の幽霊のようなものが拍子木を打ち、夜回りの男は驚いて逃げ出している。（『本所七不思議之内「置行堀」』早稲田大学図書館蔵）

聞ゆるといふ」との記事があり、「いはゆる本所《ほんじょ》のばか太鼓なり」と書かれている。

夜になると、どこからともなくお囃子の太鼓の音が鳴り響き、遠くで聞こえたと思うと近づいてきたり、なんとも不思議な囃子だった。どこで太鼓が叩かれているのか誰も突き止めたことがないという怪異現象である。『反古《ほご》のうらがき』（江戸時代後期）には、狸囃子の正体をつきとめようと市ヶ谷から麹町、飯田橋まで歩き回ったが音の出所に行き当たらなかった人の話がある。

ちなみに『反古のうらがき』には、若者たちが毎晩、土蔵や穴蔵で祭囃子の練習をしていて、その音が風に乗って遠くのほうまで聞こえるのだと書いており、斎藤月岑も『武江年表』のなかで同様の考察をしている。肥前平戸《ひぜんひらど》藩主・松浦静山《まつらせいざん》も、この怪異現象

本所七不思議探訪コース

所用時間　約1.5時間

本所吾妻橋駅
↓ 徒歩約7分
① 本所中学校（松浦家下屋敷跡）
↓ 徒歩約18分
② 旧安田庭園（松浦家下屋敷跡）
↓ 徒歩約8分
③ 片葉の葦案内板
↓ 徒歩約15分
④ 緑公園（津軽家上屋敷跡）
↓ 徒歩約5分
⑤ 亀沢四丁目交差点（足洗い屋敷、味野家跡）
↓ 徒歩約2分
⑥ 北斎通り（南割下水跡）
↓ 徒歩約6分
⑦ 大横川親水公園（時の鐘）
↓ 徒歩約5分
⑧ 法恩寺
↓ 徒歩約21分
⑨ おいてけ堀跡

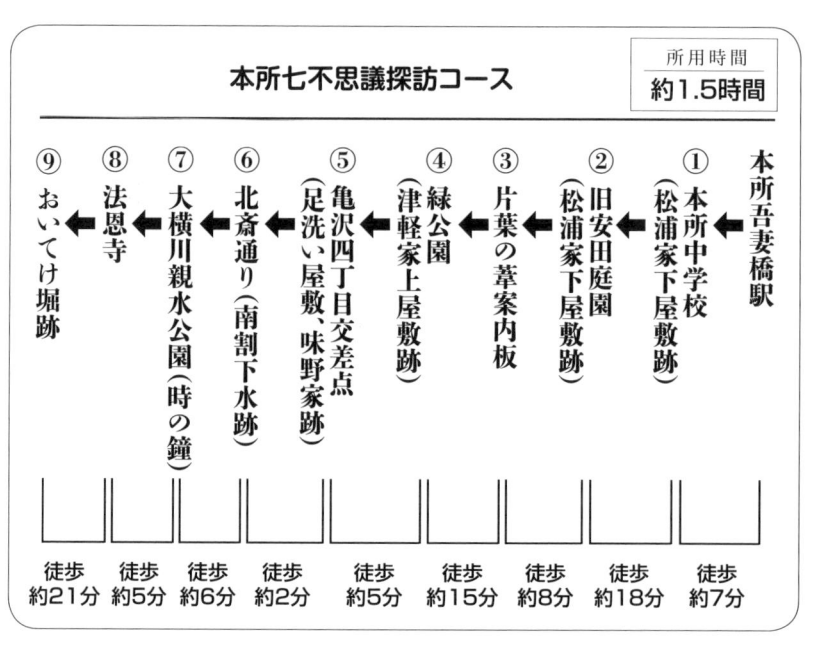

の体験者である。著書の『甲子夜話《かっしやわ》』に狸囃子を聞いたと記されている。

松浦家の下屋敷は本所横川（墨田区東駒形）あたりにあり、その裏には桃青寺《とうせいじ》があったが、ある夜、屋敷の南のほうから狸囃子が聞こえはじめた。音はあちこちから聞こえ、強くなったり弱くなったりする。静山は誰のしわざか確かめてくるように家臣に伝え、家臣が確認しにいったが、本所割下水《わりげすい》のあたりで音が消えてしまったため正体を知ることはできなかったという。

本所七不思議④　足洗い屋敷

本所三笠町《ほんじょみかさ》（現在の墨田区亀沢四丁目あたり）にあった味野岌之助《あじのきゅうのすけ》の旗本屋敷では、夜になると家が揺れ動き、生臭いにおいが漂うとともに、座敷の天井板を突き破って血まみれの男の大きな足があらわれ、「足を洗え、足を洗え」とわめきたてた。これが「足洗い屋敷」の怪異現象だ。女中たちがその大足の足を洗ってやると、足は消えてしまい、天井も元通りにもどった。

しかし、足を洗うときに手を抜いたりすると大足は暴れ出したといい、家の者たちは気が休まらなかった。たまりかねて逃げ出す奉公人も出てきて、困り果てた岌之助が同僚に愚痴をこぼしたところ、設楽という旗本が、互いの屋敷を交換してみようと提案。その通りにしてみたところ、大足はあらわ

●**足洗い屋敷（味野家跡）**
墨田区亀沢四丁目付近
最寄り駅：ＪＲほか「両国駅」

れなくなったという。

千住にもこの怪異と似たような話が伝わっている。ある民家で、夜中になると天井が開いて、血に

旗本・味野家の屋敷で起こった「足洗い屋敷」の怪。(『本所七不思議之内「足洗邸」』早稲田大学図書館蔵)

染まった女の足が突き出て、「足洗い、足洗い」と泣き叫び、家の主人が家を解体したところ、天井裏から女の足と火打石が出てきたという。

本所七不思議⑤ 片葉の葦

両国橋のたもとに立てられた「駒留橋跡」と「片葉の葦」の案内板。

本所横網町《ほんじょよこあみ》（現在の墨田区横網）に住む留蔵《とめぞう》というならず者が、亀沢町で飲み屋を開いていたお駒《こま》という女性に岡惚れした。留蔵はお駒をしつこく付け回したが、お駒はいっこうに振り向かなかった。怒った留蔵は逆恨みして、駒留橋《こまどめばし》でお駒を待ち伏せ、匕首《あいくち》を抜いてお駒を殺害した。留蔵はお駒の手足を切り落とすと、近くの溝に投げ込んで逃亡した。

それ以来、その溝から生えてくる葦は片方より葉が生えないという。これが「片葉の葦」と呼ばれる怪異である。

現在、駒留橋はなくなってしまったが、両国橋のたもとに「駒留橋跡」と「片葉の葦」の案内板が立てられている。

●片葉の葦案内板
墨田区両国一丁目
最寄り駅：ＪＲほか「両国駅」

本所七不思議⑥　無灯蕎麦《あかりなし》

ある冬の夜、本所南割下水《ほんじょみなみわりげすい》（現在の墨田区本所あたり）のあたりを男が歩いていた。ふと見ると蕎麦屋の屋台が出ており、男が蕎麦を食べようと近づくと、火種は残っているのに行灯は消えている。男は少し待ってみようと、行灯に火を入れたが、風もないのにすぐに消えてしまった。もう一度火を入れたが、やはりすぐに消えてしまう。男はあきらめて帰宅したが、その後男に不吉な出来事が起こったといい、それ以来、灯りのついていない蕎麦屋台に立ち寄ると凶事が起こるといわれるようになった。

これが「無灯蕎麦」だが、これとは別に、いつまでも灯りが消えない「消えずの行灯」という怪異譚もある。蕎麦屋の屋台が出ているのだが、行灯はついているのに、いつ行っても誰もおらず、行灯の灯りも消える気配がないという話である。この場合も、その蕎麦屋に立ち寄った者には凶事が起こったという。

割下水とは江戸時代に作られた堀状の水路のことで、現在は暗渠となり、北斎通りの下に埋まっている。

●無灯蕎麦（北斎通り）
墨田区亀沢三丁目付近 北斎通り
最寄り駅：JRほか「錦糸町駅」

本所七不思議⑦　送り提灯

ある春の夜、本所出村町（現在の墨田区太平）あたりを、酒を飲んだ帰りの侍が供の者と連れ立って歩いていた。

このあたりは寺町で昼間でも寂しいところであり、夜にもなれば人っ子一人いないような場所だった。すると、侍の目の前に提灯があらわれ、まるで行き先を照らすように招く。ところが近づいてみると火はたちまち消え、もとの暗闇にもどってしまった。とくに何か害悪をもたらすわけではないが、提灯の灯りがあらわれては消える不思議な現象で、人々は何ともない不気味さを感じたのだろう。

現在の墨田区太平一丁目にある法恩寺《ほうおんじ》付近で起こったといわれる。

●法恩寺（送り提灯）
墨田区太平一丁目 法恩寺付近
最寄り駅：ＪＲほか「錦糸町駅」

本所七不思議⑧　落葉しない椎の木

本所横網《ほんじょよこあみ》にあった肥前平戸新田藩松浦《まつら》家の上屋敷は、「椎《しい》の木屋敷」という別名で呼ばれていた。

その理由は次のとおりである。この屋敷の庭に大き

●松浦家上屋敷跡（落葉しない椎の木）
墨田区横網一丁目 旧安田庭園一帯
最寄り駅：ＪＲほか「両国駅」

な椎の木があったが、不思議なことに、その椎の木の葉っぱが落ちるところを誰も見たことがなく、ただの一枚も落ち葉がなかった。

土地の人々は非常に気味悪がり、そうしたうわさが広まったためか、松浦家もあまりこの屋敷を使わなかったともいわれる。

旧安田庭園のあたりが平戸新田藩松浦家の上屋敷跡である。

●津軽家上屋敷跡
墨田区亀沢二丁目（緑公園一帯）
最寄り駅：ＪＲほか「両国駅」

本所七不思議⑨　津軽の太鼓

火事が多かった江戸では、大名屋敷の多くが火見櫓《ひのみやぐら》を建てて火事に備えていた。そして火事を見つけた場合は版木《はんぎ》を叩いて知らせた。しかし、本所緑町《ほんじょみどり》にあった弘前藩津軽家の上屋敷だけは、太鼓をたたいて知らせた。

なぜ津軽家だけが太鼓をたたくことを幕府に許されたのか人々は不思議がり、これがいつしか七不思議のひとつに数えられるようになった。

「平将門」怨霊の地をたどる

平将門の兜を埋めた「兜神社」

関東の英雄として崇められた平将門《たいらのまさかど》は、江戸市中にも将門ゆかりの史跡が多く残っている。第二章で述べたが、将門の首塚が大手町にあり、神田明神《かんだみょうじん》は将門の怨霊を鎮めるための神社である。

大手町からさほど離れていないところに、日本橋兜町という日本の証券取引の中心地がある。この兜町という地名の由来は、平将門と関係している。

この地には、平将門を討った藤原秀郷《ふじわらのひでさと》が将門の兜を埋めた場所という伝説があるのである。秀郷は兜を埋めたのちに塚を築き、それが「兜塚」と呼ばれるよう

●兜神社
中央区日本橋兜町一丁目
最寄り駅：東西線ほか「茅場町駅」

兜神社の境内にある「兜岩」。これがかつて将門の兜を埋めたのちに築いた「兜塚」だったとされる。

になった。現在、鎧橋が架かっているところに江戸時代当時は橋はなく、「鎧の渡し」という渡し船が運航されていた。兜塚は鎧の渡し近くにあった。奥州征伐に向かった源義家《みなもとのよしいえ》が当地で暴風雨にあい、鎧を海中に沈めて龍神に祈りを捧げたところ暴風雨がやんだことから、そのあたりを「鎧が淵」と呼ぶようになり、「鎧の渡し」と名付けられた。そのため、兜塚は源義家が戦勝を祈念して兜を埋めて塚をつくったという伝説もある。

現在、兜塚は「兜神社」の境内に「兜岩」という名で置かれている。

将門の首が飛び越えた「鳥越神社」

浅草に近い鳥越《とりごえ》二丁目に「鳥越神社」という神社が鎮座している。縁起によると、創建は651年（白雉《はくち》2）と古い。創建当時は白鳥《しらとり》神社と呼ばれていたという。

平安時代、奥州征伐に向かう途中に源頼義《みなもとのよりよし》・義家《よしいえ》父子がこの地を通ったが、近くに流れる大川《おおかわ》（隅田川）を越えることができなかった。そこに白鳥が川の浅瀬に降り立ち、父子は白鳥のおかげで浅瀬を知り、無事に渡河できた。そのため白鳥神社から鳥越神社に名を改めたという。

江戸時代になると、ここに将門の伝説も付け加えられるようになる。「鳥越」は、将門の首が「飛び越え」たことがその由来とする考え方が伝えられるようになったのである。

●**鳥越神社**
台東区鳥越二丁目
最寄り駅：都営浅草線「蔵前駅」

神田明神や兜神社が近くにあったことから、将門を崇敬する江戸時代の人々が将門伝説にあやかったものだろう。

将門の首を祀った「築土神社」

平将門の首に関しては、もうひとつゆかりのある神社がある。それが、千代田区九段北にある「築土《つくど》神社」である。

将門の首は京都から江戸まで飛んで柴崎《しばさき》村に落ちたことになっているが、一方で首はひそかに江戸に持ち込まれたという話も伝わっている。この場合、将門の首は上平河村《かみひらかわ》（現在の千代田区大手町付近）の観音堂に祀られたとされ、それが築土神社の前身である「津久戸明神」だ。将門の首塚のすぐ近くである。また、矢を射られた将門の首が落下した場所がこの地だったという話もある。

いずれにしても将門ゆかりの神社として繁栄し、江

●築土神社
千代田区九段北一丁目
最寄り駅：東西線ほか「九段下駅」

築土神社。京都でさらされた将門の首がひそかに持ち込まれて祀られたという。かつては首と首桶が保管されていたともいう。

平将門 怨霊探訪

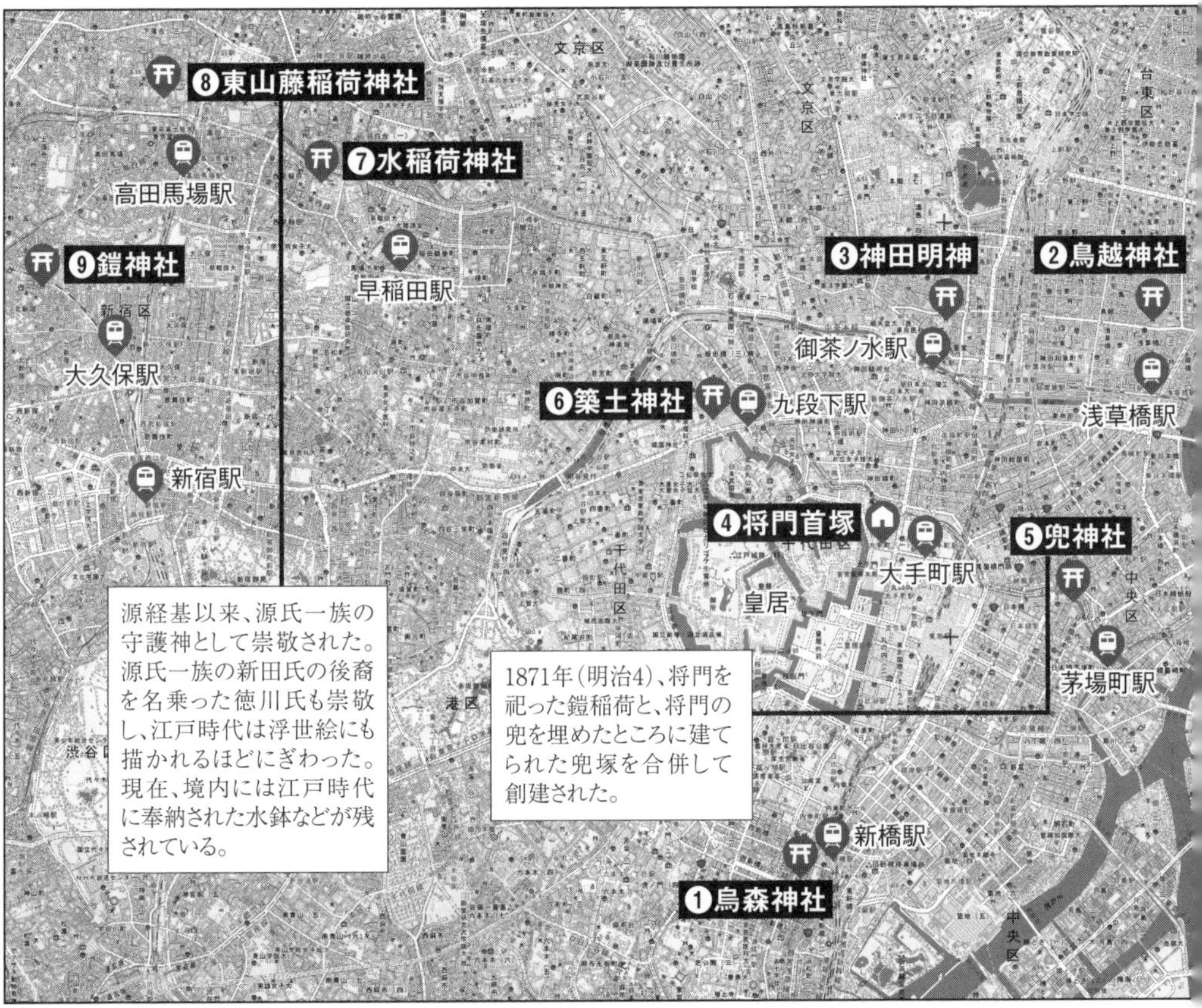
⑧東山藤稲荷神社
⑦水稲荷神社
高田馬場駅
⑨鎧神社
早稲田駅
新宿区
大久保駅
新宿駅
文京区
台東区
③神田明神
②鳥越神社
御茶ノ水駅
⑥築土神社
九段下駅
浅草橋駅
④将門首塚
⑤兜神社
大手町駅
千代田区
皇居
中央区
茅場町駅
港区
渋谷区
新橋駅
①烏森神社
源経基以来、源氏一族の守護神として崇敬された。源氏一族の新田氏の後裔を名乗った徳川氏も崇敬し、江戸時代は浮世絵にも描かれるほどにぎわった。現在、境内には江戸時代に奉納された水鉢などが残されている。

1871年（明治4）、将門を祀った鎧稲荷と、将門の兜を埋めたところに建てられた兜塚を合併して創建された。

戸時代には徳川家の崇敬も受けた。神田明神、山王社とともに「江戸三社」のひとつにも数えられたという。

その後、何度かの移転を繰り返し、太平洋戦争後に現在地に遷座された。

将門を調伏するために創建「水稲荷神社」

平将門が討たれた翌年の941年（天慶《てんぎょう》4）、将門討伐に功績のあった藤原秀郷が冨塚《とみつか》（現在の新宿区西早稲田）に稲荷大神を勧請した。

「冨塚稲荷」あるいは「将軍稲荷」と呼ばれ、周辺の鎮守社となった。江戸時代になり、境内の椋《むく》の大木の下から霊水が湧き、それが眼病の治癒に効果があったことから「水稲荷」と称されるようになった。この椋は神木とされたが戦災により焼失し、根元だけが残されているという。

一説によると、将門戦死の一年後に創建されたとされていることから、秀郷が将門を調伏《ちょうぶく》するために創建

●水稲荷神社
新宿区西早稲田三丁目
最寄り駅：東西線「早稲田駅」

将門を討ち取った藤原秀郷が創建したと伝わる水稲荷神社。

したともいわれる。

将門を誣告した経基が創建「東山藤稲荷神社」

平将門の乱で将門討伐側の武将として藤原秀郷と平貞盛《さだもり》が有名だが、もうひとりキーマンとなったのが源経基《みなもとのつねもと》である。経基は清和源氏《せいわげんじ》の血を引く貴族で、将門一族が対立している頃に武蔵の国司《こくし》として関東に赴任した。しかし、将門と対立して京都にもどり、将門が謀反を企てていると朝廷に誣告《ぶこく》した。新宿区下落合に鎮座する東山藤稲荷《ひがしやまふじいなり》神社の縁起に、当社の稲荷神の神託によって源経基が将門の謀反を知ったと伝わる。

また、将門のもとにいた白狐が当社にやってきて、増長した将門によって近々災いが起こると告げたともいう。将門を裏切って経基側についた者がいたことを示唆する伝承かもしれない。

●東山藤稲荷神社
新宿区下落合二丁目
最寄り駅：ＪＲほか「高田馬場駅」

将門を朝廷に誣告した源経基の話が伝わる東山藤稲荷神社。

将門の鎧が埋められた「鎧神社」

既成の権力に反抗して兵を挙げた平将門は、重い税金に苦しむ当時の民衆から喝さいを浴びた。そのため将門が敗れると民衆はその死を悼んだ。柏木村北部（現在の新宿区北新宿三丁目）の人々は将門の死後、その霊を鎮魂するために947年（天暦《てんりゃく》1）、当地に将門の鎧を埋めて祀った。これが「鎧神社」である。

また、次のような話も伝わる。将門を討った藤原秀郷が残党狩りをしてるときに当地にきたときに、にわかに重い病を得た。秀郷一行は、これは将門の祟りであると恐れ、円照寺《えんしょうじ》という寺に将門の鎧を埋め、そこに祠を建てて弔ったところ、病気は快復した。その後、土地の人々によって鎧神社として崇敬されたという。

●鎧神社
新宿区北新宿三丁目
最寄り駅：ＪＲ「大久保駅」

将門を葬った秀郷が建てた「烏森神社」

平将門を破ったことで名声を高めた藤原秀郷は、将門討伐に向かうにあたって、武蔵国にあった稲荷社に

●烏森神社
港区新橋二丁目
最寄り駅：ＪＲほか「新橋駅」

戦勝を祈願した。すると、白狐があらわれ、白羽の矢を秀郷に渡した。

その後、秀郷はみごとに将門討伐に成功し、白羽の矢のおかげと感じた秀郷は、お礼に新しい稲荷社を創建しようと考えた。

そんな折、秀郷の夢に白狐があらわれた。白狐は、神鳥の群がるところが霊地であると告げた。

秀郷が場所を求めていると桜田郷《さくらだ》（現在の千代田区霞が関～新橋一帯）にそれと思われる森があったので、ここに勧請した。これが「烏森神社《からすもり》」である。

平将門怨霊探訪コース①

所用時間　**約2.5時間**

① 烏森神社
← 電車・徒歩 約18分
② 鳥越神社
← 電車・徒歩 約20分
③ 神田明神
← 電車・徒歩 約13分
④ 将門首塚
← 徒歩 約20分
⑤ 兜神社
← 電車・徒歩 約13分
⑥ 築土神社
← 電車・徒歩 約23分
⑦ 水稲荷神社
← 徒歩 約20分
⑧ 東山藤稲荷神社
← 徒歩 約30分
⑨ 鎧神社

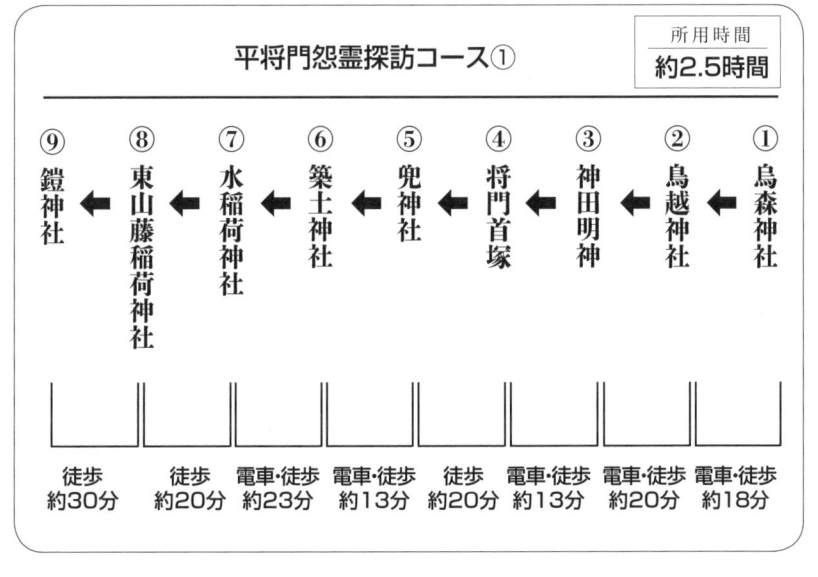

坂の町の怪異
「麻布七不思議」

七つ以上ある「七不思議」

六本木から麻布界隈は江戸時代に開発が進み、大名屋敷や旗本屋敷が多く建てられた。しかし、江戸の中心地からは離れており、坂や谷で町場などが区切られた地形もあって、夜になると不気味な雰囲気を漂わす寂しい町であった。そのため麻布では怪異話がうわさされるようになり、それが「麻布七不思議」として現代まで残された。江戸時代、本所七不思議、番町七不思議などと並び、江戸の七不思議ものとして有名だったという。

「本所七不思議」と同様に、麻布七不思議も七つ以上の話が伝わっている。麻布地区総合支所に麻布七不思議のレリーフがあるが（2012年［平成24］設置）、それによると、①「柳の井戸」、②「逆さ銀杏」、③「広尾の送り囃子」、④「狸穴《まみあな》の古洞《こどう》」、⑤「蝦蟇池《がまいけ》」、⑥「永坂《ながさか》の脚気石《かっけいし》」、⑦「一本松」の七つが選ばれている。そのほかに、⑧「狸穴の狸蕎麦」、⑨「六本木」、⑩「七色椿」などがある。

ここでは代表的な一〇個の怪異譚を紹介していこう。

麻布七不思議① 柳の井戸

麻布十番駅からビルやマンションが建ち並ぶ町内を抜けると、善福寺《ぜんぷくじ》という浄土真宗の寺院がある。総門を入って参道右側に井戸があり、「柳の井戸」と呼ばれている。正式には「楊柳水《ようりゅうすい》」といい、どんなに日照りが続いても涸れたことがない不思議な井戸であるという。

平安時代の僧で、真言宗を開いた空海《くうかい》がこの地に寄り、柳の木の下で祈り、手にしていた杖を突きたてたら水が湧き出てきたという。一説では、空海が常陸国（現在の茨城県）の鹿島神宮に祈願し、七つある井戸のうちのひとつを善福寺に移してもらったという。

江戸城近辺で水が湧くことは珍しく、江戸時代の頃から有名な湧き水だったという。

●善福寺
港区元麻布一丁目
最寄り駅：南北線ほか「麻布十番駅」

善福寺参道脇にある「柳の井戸」。井戸の脇には1765年（明和2）に建てられたといわれる石碑がある。

麻布七不思議② 逆さ銀杏

「柳の井戸」がある善福寺《ぜんぷくじ》に、樹齢七七〇年ともいわれる大イチョウがある。不思議なことに、まるで木が逆さまに生えているように見えるため、「逆さ銀杏」と呼ばれた。

この銀杏にも、次のような不思議ないわれがある。空海とともに日本仏教界に名を残した浄土真宗の開祖・親鸞《しんらん》が善福寺にやってきたとき、帰り際に杖を地上に突き立てると、その杖が根付いて銀杏の木になったという。

『続江戸砂子《ぞくえどすなご》』（1735年［享保《きょうほう》20］発刊）という書によると、母乳が出ない女性が逆さ銀杏の樹皮を削り取って煎じて飲むと母乳が出るようになるといわれ、囲いをつくって樹皮をはがれないようにしなければならなくなるほど人気があったという。

●善福寺
港区元麻布一丁目
最寄り駅：南北線ほか「麻布十番駅」

麻布七不思議③ 広尾の送り囃子

江戸時代、広尾町から富士見町（現在の南麻布三丁

●天現寺橋
渋谷区広尾五丁目
最寄り駅：日比谷線「広尾駅」

麻布七不思議探訪

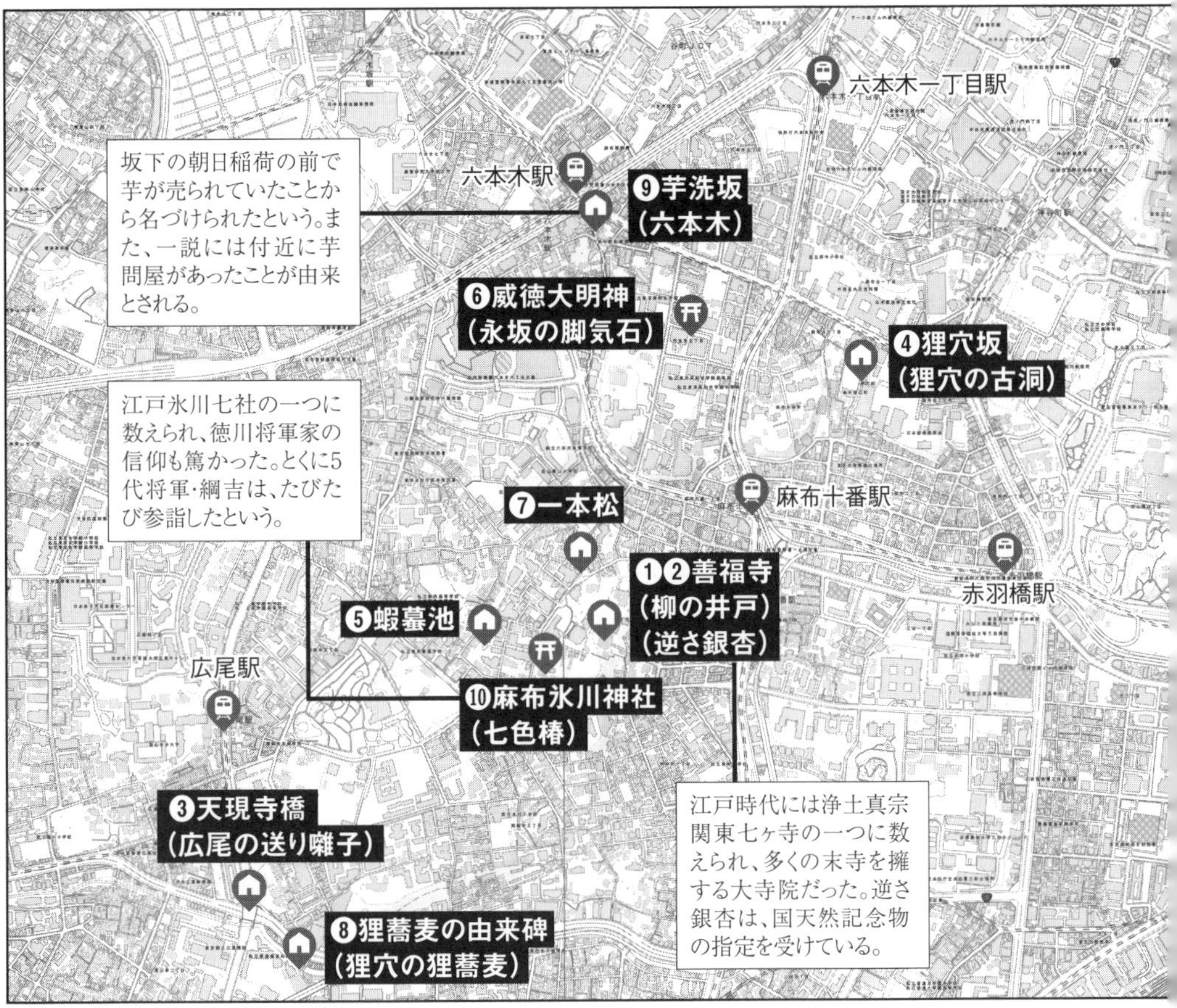
六本木一丁目駅
六本木駅
❾芋洗坂（六本木）
坂下の朝日稲荷の前で芋が売られていたことから名づけられたという。また、一説には付近に芋問屋があったことが由来とされる。
❻威徳大明神（永坂の脚気石）
❹狸穴坂（狸穴の古洞）
江戸氷川七社の一つに数えられ、徳川将軍家の信仰も篤かった。とくに5代将軍・綱吉は、たびたび参詣したという。
❼一本松
麻布十番駅
赤羽橋駅
❶❷善福寺（柳の井戸）（逆さ銀杏）
❺蝦蟇池
広尾駅
❿麻布氷川神社（七色椿）
❸天現寺橋（広尾の送り囃子）
江戸時代には浄土真宗関東七ヶ寺の一つに数えられ、多くの末寺を擁する大寺院だった。逆さ銀杏は、国天然記念物の指定を受けている。
❽狸蕎麦の由来碑（狸穴の狸蕎麦）

目）あたりは広尾ヶ原と呼ばれる、ススキが生い茂る原っぱだった。ある人が初秋の晩に広尾ヶ原を歩いていると、どこからともなくお囃子の音が聞こえてきた。こんな夜更けに祭りをするだろうか、といぶかしく思っていると、お囃子の音はどんどん大きくなり、近づいてくる。あたりを見回しても誰もいない。そして、お囃子の音がさらに近づいたかと思うと、音はしだいに遠くなり、やがて何も聞こえなくなったという。これは本所七不思議の「狸囃子」と似たような怪異現象である。広尾ヶ原には狸もいたといい、あるいは狸のしわざだったのかもしれない。

麻布七不思議④ 狸穴《まみあな》の古洞

現在の東麻布から麻布台のあたりを狸穴といった。現在も麻布狸穴町として町名に残り、狸穴坂や狸穴公園など「狸穴」の名がつくものは多い。このあたりは急坂が多く、江戸時代は竹林に覆われていたといい、夜にもなれば不気味さが増す地域だった。

●**狸穴坂**
港区麻布狸穴町
最寄り駅：南北線ほか「麻布十番駅」

狸穴坂を下った先に湿地帯があったが、そこには大きな穴があいており、どこからか水がにじみ出ていた。いつからあるのか誰も知らず、年老いた雌狸が棲んでいるといわれた。

これだけの話だが、当時の人々は草木が多く茂りじめじめした湿地帯に気味の悪い、得体のしれないものを感じたのだろう。

麻布七不思議⑤　蝦蟇池

麻布本村町《ほんむら》（現在の港区元麻布二丁目あたり）に、山崎主税助治正《ちからのすけはるまさ》という旗本の屋敷があった。邸内には大きな池（一説には約一六五〇平方メートルもあったという）があり、そこには古くから大きな蝦蟇《がま》が棲みついていた。

麻布十番稲荷に祀られている蝦蟇の石像。蝦蟇池の蝦蟇が由来とされている。

ある夜、山崎家の仲間《ちゅうげん》（武家の奉公人）が夜回りをしていると、池に棲む大蝦蟇が仲間を水中に引きずり込んで殺してしまった。激怒した治正は池の水を抜いて蝦蟇を殺すように家臣に命じた。

するとその夜、治正の夢枕に蝦蟇が仙人のような老人となってあらわれ、「あの仲間は、蛙に子が生まれるたびに殺すので、子の仇をとった」と告げた。そして、「池の水を抜かないでくれるなら、今後、この家に火難が降りかかったときは、私の神通力でかならず守る」といった。治正は蝦蟇の話を聞き入れて退治するのを中止した。やがて1845年（弘化《こうか》2）、麻布古《ふる》川《かわ》で火事が起こり、山崎家にも火が迫ってきた。すると、池か

●蝦蟇池
港区元麻布二丁目
最寄り駅：南北線ほか「麻布十番駅」

ら大きな蝦蟇があらわれるや池の水を巻き上げ、屋敷一面に水が降り注いだ。そのおかげで山崎家だけは被災することはなかったという。

この話は付近のうわさとなり、火難除けの守り札を乞う者が山崎家に殺到し、山崎家では「上」と書かれた札を渡すようになった。このお札は「上の字様」と呼ばれて評判になり、芝赤羽橋の水天中のお守りと並び称せられるほどになった。「上の字様」は現在も麻布十番稲荷で売られている。蝦蟇池は現在は大部分が埋め立てられたうえ、マンションの敷地内にあるため残念ながら公開されていない。

●威徳大明神
港区六本木五丁目
最寄り駅：南北線ほか「麻布十番駅」

麻布七不思議⑥ 永坂の脚気石（かなめ石）

六本木町の永坂《ながさか》の坂上に五島左衛門尉《ごとうさえもんのじょう》という者の屋敷があった。その屋敷の前に直径一尺（約三〇センチメートル）ほどの石が地面から突き出ていた。往来の妨げになっていたので、石を取り除こうとしたが根が深く、いくら掘ってもびくともしなかった。仕方がないのでそのままにしておいたのだが、いつしかその石は鹿島神宮にある「要石《かなめいし》」にあやかって「かなめ石」と呼ばれるようになった。やがて、「かなめ石に塩をかけて祈れば、脚の病が治る」といううわさが誰からともなく広がるようになった。当初はただのうわさと切り捨てられていたが、本当に治ったと訴える人が出てくると、誰もが信じるようになり、かなめ石には多くの人が集まった。「かなめ石」は、脚を治すということで「脚気石」とも呼ばれるようになった。

かなめ石は明治時代になって取り除かれたが、このときもすべてを取り除くことはできず、今でも地中にはかなめ石の一部が残されているという。五島家跡には現在マンションが建っているが、その近くに威徳《いとく》大明神という小さな祠がある。

麻布七不思議⑦　麻布の一本松

現在も町中にそびえ立つ「麻布の一本松」。平安時代の貴族・小野篁が植えたという伝承もある。

「くらやみ坂」「たぬき坂」「大黒坂《だいこくざか》」「一本松坂」が交わる交差点付近に大きな松が立っている。これは江戸時代から「麻布一本松」と呼ばれる有名な松の木だった。周辺にほかに松の木がなかったため「一本松」と呼ばれたという。

一本松には不思議な話があり、この木の枝に甘酒を入れた竹筒をぶら下げておくと咳の病が治るといわれた。一本松に竹筒がぶら下がっていない日はないとい

●一本松坂
港区元麻布一丁目
最寄り駅：南北線ほか「麻布十番駅」

うほどの評判だったといい、そのため当時の人々は不思議な思いを抱いたのだろう。

一本松は現在も交差点近くに立っているが、初代の一本松は江戸時代中に焼失し、今の松は三代目とも五代目ともいわれる。

麻布七不思議⑧ 狸穴の狸蕎麦

江戸時代に狸穴坂《まみあなざか》の下で、作兵衛《さくべえ》という男が蕎麦屋を営んでいた。作兵衛のつくる蕎麦は色が黒い生蕎麦で、非常においしいと評判になり、時の食通にも認められるほどだった。この店の蕎麦は「狸蕎麦」と呼ばれていた。あるとき、江戸城大奥を荒らしまわった狸穴の古狸が城内の武士に成敗され、哀れに思った作兵衛がその狸を祠に祀ったことから「狸蕎麦」と呼ばれるようになったのだという。港区と渋谷区の境界付近に、古川に架かる「狸橋」という橋があるが、これも「狸穴の狸蕎麦」を由来とする説もある。

●狸蕎麦の由来碑
港区白金五丁目
最寄り駅：日比谷線「広尾駅」

麻布七不思議⑨ 六本木

芋洗坂《いもあらいざか》を上った高台に、かつて五本の榎がそびえて

●芋洗坂
港区六本木五丁目
最寄り駅：日比谷線ほか「六本木駅」

いた。大きな榎で海からも見えたので、品川沖に漁に出る漁師たちの道しるべにもなっていたという。「六本木」という地名がつけられているのに、榎が五本しかないのが不思議だとされ、七不思議のひとつに加えられた。この榎については血なまぐさい伝承が残されている。平安時代末期に起こった源平合戦のときのことである。源氏軍に敗れた平氏軍の六人の落ち武者が、当地まで逃げのびてきた。しかし、これ以上逃げる気力も体力も失い、六人はちょうどそこにあった榎の幼木を墓標がわりに切腹して果てることにした。しかし、そのうちのひとりはなんとか生き延び、一本松（麻布七不思議⑦参照）のところまでさまよったが、そこでついに力尽きた。土地の人たちが彼を憐れみ、一本松を五本の榎に加えて「六本木」として弔ったという。

六本木という地名の由来には、ほかにもいわれがあり、六本の古い松があったとする説、付近に上杉・高木・青木・片桐・一柳《ひとつやなぎ》・朽木《くちき》の大名屋敷があったとする説などがある。

麻布七不思議⑩　七色椿

麻布通りから仙台坂を上り、坂上から暗闇坂をさらに上っていくと、麻布氷川神社がある。その道をはさんで向かい側は、善福寺《ぜんぷくじ》門前西町（現在の港区元麻布二丁目）と呼ばれていた。暗闇坂沿いのこのあたりに、かつて枝を四方に張った椿の花が咲き乱れて

●麻布氷川神社
港区元麻布二丁目
最寄り駅：日比谷線ほか「麻布十番駅」

いた。この椿は、なんと七色の大輪の花をつけたという。しかも、一日のうちに七色に変化したともいわれる。その不思議な現象を見るために鑑賞にくる人も多く、東京でも有数の銘木といわれていたという。

一方、江戸時代の暗闇坂は両側にうっそうと木が茂り、昼間でも暗かったといい、そうした雰囲気もこの不思議を際立たせたのであろう。

七色椿は昭和時代初期に枯れてしまったといい、今はなにも残らない。

麻布七不思議探訪コース

所用時間 約1時間

六本木駅
↓ 徒歩約2分
① 芋洗坂
↓ 徒歩約5分
② 威徳大明神
↓ 徒歩約10分
③ 狸穴坂
↓ 徒歩約15分
④ 善福寺
↓ 徒歩約5分
⑤ 麻布氷川神社
↓ 徒歩約2分
⑥ 一本松
↓ 徒歩約5分
⑦ 蝦蟇池
↓ 徒歩約15分
⑧ 天現寺橋
↓ 徒歩約3分
⑨ 狸蕎麦の由来碑

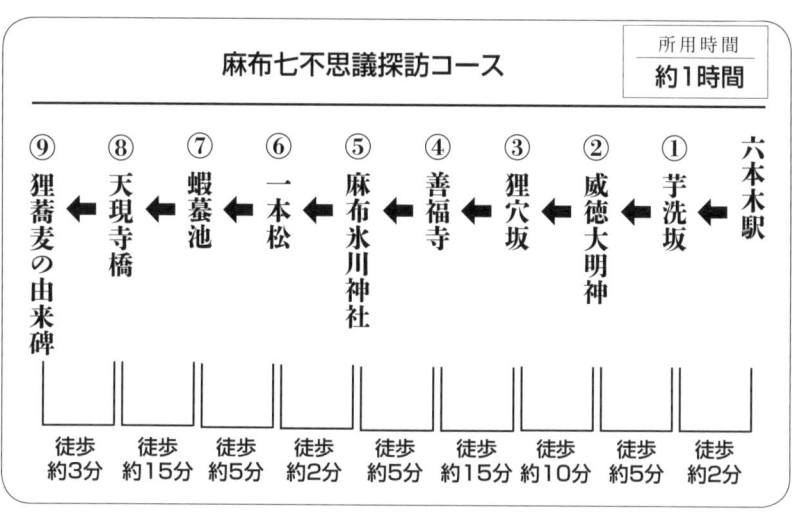

●参考文献

『江戸の史跡事典』（新人物往来社）
『怖い浮世絵』日野原健司、渡邉晃著、太田記念美術館 監修（青幻社）
『図説 江戸 東京怪異百物語』湯本豪一（河出書房新社）
『江戸怪奇異聞録』広坂朋信（希林館）
『江戸東京伝説散歩』岡崎柾男（青蛙房）
『江戸・東京魔界地図帖』東雅夫監修（宝島社）
『江戸東京怪談文学散歩』東雅夫（角川選書）
『江戸東京魔界紀行』歴史と文学の会編（勉誠出版）
『江戸・東京歴史ミステリーを歩く』三津田信三編（PHP研究所）
『江戸の闇・魔界めぐり』岡崎柾男（東京美術）
『江戸の妖怪』（ダイアプレス）
『江戸百鬼夜行』野口武彦（ぺりかん社）
『大江戸今昔マップ』（新人物往来社）
『大江戸魔法陣』加門七海（河出書房新社）
『怪談のウンチク101』高山宗東（学習研究社）
『国芳妖怪百景』恵俊彦編（国書刊行会）
『図説 日本の魔界地図』（平凡社）
『伝説探訪 東京妖怪地図』荒俣宏編（祥伝社）
『日本化け物史講座』原田実（楽工社）
『墨東地霊散歩』加門七海（青土社）
『ぼくらは怪談巡礼団』加門七海、東雅夫（メディアファクトリー）
『妖怪図巻』京極夏彦、多田克己編著（国書刊行会）
『江戸に眠る七不思議と怖い話』中江克己（青春文庫）
『京都・江戸 魔界めぐり』佐々木高弘、飯倉義之（NHK出版）
『東京魔界案内』三善里沙子、小松和彦（光文社）
『猫の古典文学誌』田中貴子（講談社）
『江戸東京学事典』（三省堂）
『日本史広辞典』日本史広辞典編集委員会 編（山川出版社）
『新版 日本架空伝承人名事典』（平凡社）

【監修】
飯倉義之（いいくら・よしゆき）

千葉県出身。國學院大學文学部准教授。民俗学・伝承文芸学を専門にし、怪異・怪談、妖怪伝承に造詣が深い、新進気鋭の学者。妖怪をこよなく愛し、研究室は全国で集めた妖怪グッズであふれている。共著に『猫の怪』（白澤社）、共編著に『ニッポンの河童の正体』（新人物往来社）、『日本怪異妖怪大事典』（東京堂出版）、共監修に『京都・江戸　魔界めぐり』（NHK出版）、『日本の妖怪』（宝島SUGOI文庫）などがある。

著者：水野大樹
カバーデザイン：松浦竜矢
編集：有限会社バウンド

江戸の怪異と魔界を探る

発行日　二〇二〇年四月二二日　初版
監　修　飯倉義之
発行人　坪井義哉
発行所　株式会社カンゼン
〒一〇一-〇〇二一
東京都千代田区外神田二-七-一　開花ビル
電　話　〇三（五二九五）七七二三
ファックス　〇三（五二九五）七七二五
http://www.kanzen.jp/
郵便振替　00150-7-130339
印刷・製本　株式会社シナノ

ISBN 978-4-86255-547-2
Printed in Japan
定価はカバーに表示してあります
本書に関するご意見、ご感想に関しましては、kanso@kanzen.jpまでEメールにてお寄せください。お待ちしております。